Großvaters beste Gartentipps

DAS GARTENJAHR

Großvaters beste Gartentipps

DAS GARTENJAHR

Autor: Hans-Werner Bastian
Mitarbeit: Peter Himmelhuber
Gesamtherstellung: Naumann & Göbel Verlagsgesellschaft mbH, Köln

ISBN 978-3-625-13076-5

www.naumann-goebel.de

Inhalt

Januar 6

Februar 10

März 14

April 18

Mai 24

Juni 30

Juli 36

August 42

September 48

Oktober 54

November 58

Dezember 62

Register 64

Januar

Der Januar ist im Jahresdurchschnitt der kälteste Monat. Bäume und Sträucher sind in der Saftruhe, Stauden überdauern den Winter im Boden.

Dafür ist jetzt die Zeit gekommen

- Neben den ersten Aussaaten von Gemüse- und Sommerblumen ist noch Platz für Dattelkerne, Zitrussamen und andere exotische Früchte, die sich durch Samen vermehren lassen.
- Die Kübelpflanzen im Winterquartier brauchen – wie die Zimmerpflanzen – mit zunehmender Tageslänge wieder mehr Wasser.
- An trüben Tagen sollten die Jungpflanzen zusätzlich beleuchtet werden, damit sie nicht eingehen und kräftig aufwachsen.
- Im Glashaus sind jetzt Bodenproben zu empfehlen; falls nötig, Kompost verteilen und einarbeiten.
- Draußen beginnt bei mildem Wetter der Gehölzschnitt; gehäckseltes Holz ist ideal zum Mulchen unter Sträuchern und zur Anlage von Wegen.
- Kontrollieren Sie gelegentlich den Winterschutz im Garten, und schütteln Sie, falls nötig, Nassschnee von den Zweigen.
- Im Januar werden die Tage wieder länger. Jetzt ist die Zeit für die Saatgutbestellung und für die ersten Aussaaten (z. B. Kübelpflanzen aus exotischen Früchten).
- Etwa gegen Ende des Monats bekommen auch die Zimmerpflanzen wieder mehr Wasser.

Nachdem die längste Nacht vorbei ist und die Tage wieder langsam länger werden, lohnt sich ein Ausblick ins neue Gartenjahr. So sollten der vorhandene Pflanzenbestand und der Zustand des Gartens begutachtet und bewertet werden. Falls nötig, können Sie im Winter Umpflanzungen störender oder zu eng stehender Gehölze vornehmen. Vor der Saison ist zudem Zeit für die Planung der Beete, für Ausbesserungsarbeiten sowie zur Wartung und Pflege der Gartengeräte.

Im Ziergarten

Erziehungsschnitt bei Ziergehölzen

Bäume und Sträucher, die nicht wegen ihrer Früchte, sondern wegen ihrer Form, ihrer Blüten oder anderer Eigenschaften gepflanzt werden, brauchen genauso einen Erziehungsschnitt wie Obstgehölze. Gewöhnlich genügen wenige Eingriffe in den ersten Jahren nach der Pflanzung. Zu spät vorgenommene Korrekturen haben große Wunden oder unschöne Kronen zur Folge. Insbesondere ist es bei den Bäumen wichtig, einen senkrechten Mitteleittrieb zu erziehen und ein gleichmäßiges Astwerk aufzubauen. Weiterhin werden zu dichte Kronen und Büsche ausgelichtet. Dazu genügt es, wenn Sie einige zu dicht stehende Zweige zugunsten besser angeordneter Triebe entfernen. Grundsätzlich beachten Sie die Regel, den natürlichen Wuchs je nach Art zu fördern.

Hecken verjüngen

Wildstrauch- oder Formschnitthecken sollen möglichst dichte Verbände bilden, sodass sie einen Sichtschutz bieten. Damit sie auch in Bodennähe dicht bleiben und nicht von unten her verkahlen, brauchen sie die richtige Pflege. Insbesondere bei Wildstrauchhecken ist ein gelegentlicher Auslichtungsschnitt nötig. Dabei genügt es, einige alte Äste direkt am Boden zu entfernen, um Licht für junge Zweige zu schaffen. Formschnitthecken bekommen den nötigen Schnitt jeweils im Sommer. Wenn dieser einige Jahre versäumt wurde, ist im Winter ein Verjüngungsschnitt möglich.

Kaltkeimer säen

Viele Staudensamen brauchen eine Ruhepause bei niedrigen Temperaturen. Diese sogenannten Kaltkeimer (früher irrtümlicherweise „Frostkeimer" genannt) sind insbesondere heimische Wildstauden, wie beispielsweise Akeleien, Glockenblumen, Adonisröschen, Frauenmantel, Buschwindröschen, Geißbart, Astilben und andere. Sie werden von Dezember bis Februar in Schalen oder Töpfe gesät und einige Tage zum Vorquellen bei etwa 20 °C im Zimmer aufgestellt. Danach brauchen sie eine Ruhezeit bei Temperaturen um etwa 0–5 °C, z. B. im Kühlschrank oder in einem Frühbeet. Nach 6–8 Wochen kommen sie in einen kühlen Raum, wo sie bei etwa 10–15°C recht zügig keimen.

Schwerer Nassschnee auf immergrünen Zweigen sollte abgeschüttelt werden.

Grünkohl als frosthartes Wintergemüse kann immer noch geerntet werden.

Im Nutzgarten

Wintergemüse ernten

Bei Wurzelgemüsen, die direkt im Garten bleiben können, erübrigt sich das herbstliche Einlagern. So lassen sich etwa Meerrettich, Topinambur, Wurzelpetersilie und dergleichen jederzeit ausgraben und frisch in die Küche holen. Das gilt ebenso für robuste Blatt- oder Sprossgemüse wie Zuckerhut, Chinakohl, Grünkohl, Rosenkohl, Spinat, Schnittpetersilie und Porree.

Falls nötig, bekommen diese Arten nur einen Schutz aus Vlies oder Folie, um Nachtfröste abzumildern. Ein Gewächshaus kann als schützendes Zwischenlager für Porree, Rosenkohl und andere Gemüsesorten dienen. Die Pflanzen werden rechtzeitig mit den Wurzeln ausgegraben und unter Glas in den Boden eingeschlagen.

Der vor allem in Norddeutschland beliebte Grünkohl soll, so sagt man, sogar mindestens einmal richtigen Frost abbekommen haben, damit er seinen Geschmack optimal entwickelt.

Kalkanstrich

Das „Weißen" der Stämme, besonders bei jungen Bäumen, die noch keine schützende Borke haben, ist eine wichtige Winterpflege. Dieser Anstrich mit in Wasser gelöstem Kalk verhindert gefährliche Rinden-

Das Futterhäuschen ist für Vögel im Winter eine willkommene Nahrungsquelle.

risse durch die Wechselwirkung von Nachtfrost und Wintersonne. Im Handel sind auch fertige Präparate erhältlich. Den gleichen Schutz bietet auch ein Lehmbrei.

Schilf und Uferpflanzen lassen Sie über Winter stehen und schneiden sie erst vor dem neuen Austrieb im Frühjahr.

Der Gartenteich im Winter

Gartenteiche brauchen im Winter normalerweise keinen Schutz, wenn sie eine tiefe Stelle haben, die mit Sicherheit eisfrei bleibt. Eine Eisdecke auf dem Teich schadet nicht; allerdings sollte sie nicht betreten werden, denn das stört die Fische! Keinesfalls darf das Eis aufgehackt werden.
Nur wenn das Wasser bei kleinen Teichen mit geringer Wassertiefe bis zum Grund durchfrieren kann und die Tiere im Wasser keine Möglichkeit zum Abtauchen in tiefere Bereiche haben, ist besondere Vorsorge nötig. Seichte Becken werden am besten gänzlich entleert. Empfindliche Pflanzen (z. B. Wasserhyazinthen) und Fische können den Winter in einem Wasserbecken im Haus verbringen.

Aus gehäckselten Ästen vom Baumschnitt können Sie natürliche Gartenwege anlegen.

Das schwimmende herbstliche Falllaub wird abgefischt, bevor es zu Boden sinkt. Denn verrottende Blätter auf dem Teichgrund bilden schädliche Faulgase und führen zu Überdüngung des Wassers.
Gräser, Schilf, Rohrkolben und andere Uferpflanzen bleiben den Winter über stehen. Der nötige Rückschnitt erfolgt erst im Frühjahr vor dem neuen Austrieb.
In Ufernähe des Gartenteiches sollten Sie ein paar Laubhaufen aufschütten, denn Lurche und andere Nützlinge aus dem feuchten Element brauchen einen frostfreien Platz an Land zum Überwintern und finden hier Unterschlupf.
Vergessen Sie nicht, frostempfindliche Wassergefäße und Leitungen zu leeren, denn gefrierendes Wasser dehnt sich mit enormer Kraft. Teichpumpen im frostfreien Tiefwasser dürfen das ganze Jahr über im Teich verbleiben. Vor Beginn der neuen Saison muss man sie aber einmal herausnehmen und gründlich reinigen.

Großvaters Tipp

Beim Gehölzschnitt im Winter fällt eine Menge Schnittgut an, das sich im Garten gut nutzen lässt. Dünne Zweige eignen sich beispielsweise zur Anlage eines Hügelbeetes, in dem sie den holzigen Kern bilden. Ansonsten werden die Zweige gehäckselt und zum Mulchen oder als natürlicher Wegbelag benutzt.

Februar

Der Februar ist für Gartenfreunde ein Monat der Vorbereitung, aber auch der ersten praktischen Arbeiten im Zier- wie im Nutzgarten.

Dafür ist jetzt die Zeit gekommen

- Bei frostfreiem Wetter ist Pflanzzeit für Bäume und Sträucher.
- Obstgehölze vertragen jetzt im Spätwinter den Schnitt am besten; es genügt in der Regel, zu dichte Bäume und Sträucher ein wenig auszulichten.
- Ein Sonnenschutz ist an klaren Wintertagen nicht nur unter Glas, sondern auch im Garten nötig. Empfindliche Baumstämme bekommen einen Rindenschutz. Rosen schattiert man am besten mit Reisig, damit sie nicht zu früh treiben.
- Bei frostfreiem Wetter beginnt die Zeit zum Veredeln der Obstgehölze.
- Bevor Lupinen, Margeriten und andere Stauden wieder austreiben, sind die alten Stengel zurückzuschneiden.
- Kübelpflanzen, die zu groß oder langstielig sind, vertragen den Rückschnitt jetzt am besten.
- Etwa Ende Februar lässt sich das Glashaus oder Frühbeet für die erste Aussaat von Salat, Spinat, Kohlrabi und Radieschen nutzen.
- Tomaten, Paprika und andere Gemüse, die jetzt gesät werden, brauchen viel Licht. An trüben Tagen ist eine künstliche Beleuchtung empfehlenswert.

Die Tage werden jetzt spürbar länger. Der steigende Sonnenstand wirkt sich natürlich auch auf das Wachstum der Pflanzen aus. So kommen bei mildem Wetter die Säfte der Bäume und Sträucher wieder in Fluss, und schon bald blühen die ersten Stauden und Zwiebelblumen. Allerdings drohen immer noch strenge Fröste. So sollte der Winterschutz nicht zu früh entfernt werden. In dieser Übergangszeit vom Winter zum Frühjahr stehen im Garten vor allem Schneidarbeiten an.

Im Ziergarten

Termine für den Gehölzschnitt

Die beste Zeit zum Schneiden von Bäumen und Sträuchern ist nach wie vor im Spätwinter. Dann „bluten" die Schnittwunden noch nicht. Es hat sich gezeigt, dass sich die Wundheilung zu anderen Terminen etwa beim Schnitt im Sommer wesentlich langsamer vollzieht. Allerdings richtet sich der Gehölzschnitt auch nach der Blütezeit. Selbstverständlich werden Frühblüher wie die Forsythie oder die Zierjohannisbeere nicht im Spätwinter, sondern erst nach der Blüte im April ausgelichtet. Sonst fallen dem Schnitt auch Blütentriebe zum Opfer. Solche Sträucher verkraften auch einen Schnitt nach der Blüte ohne Schaden. Sie bringen dann im Sommer wieder Blütentriebe für das nächste Jahr hervor. Das gilt auch für Kätzchenweiden, Ranunkelsträucher, Mandelbäumchen und andere Frühblüher. Dagegen lassen sich Sommerblüher wie Edelrosen, Sommerflieder oder Bartblumen ohne Verlust besser im Spätwinter zurückschneiden. Sie bringen dann bis zum Sommer wieder Blütentriebe hervor. Ausgenommen sind Bauernhortensien, die zwar erst im Sommer blühen, aber ihre Blütenknospen schon ausgebildet haben. Diese und einige andere Sträucher sollten

Die Christrose lässt sich auch von frostigen Februarnächten nicht beeindrucken.

Jetzt ist die richtige Zeit, Sträucher im Garten herunterzuschneiden.

Weil der Saft noch nicht aufsteigt, „bluten“ die Schnittwunden der Gehölze nicht.

ohnehin möglichst wenig geschnitten werden. Das gilt auch für die Hamamelis, für Strauchhortensien, Magnolien und andere ähnliche Arten, die von Natur aus ein eher lichtes Geäst entwickeln.

Immergrüne Stauden

Die Pracht der Blütenstauden dauert leider immer nur wenige Wochen oder Monate. Daher sollten wintergrüne Stauden in keinem Hausgarten fehlen, zumal sie genauso attraktive Blüten hervorbringen wie die sommergrünen Arten. Pflegeleicht, robust und ausdauernd sind Hauswurzen *(Sempervivum)*, Bergenien *(Bergenia)*, Christrosen *(Helleborus)*, Wollziest *(Stachys)*, Günsel *(Ajuga)*, Haselwurz *(Asarum)*, Silberwurz *(Dryas)*, Mauerpfeffer *(Sedum)* und andere. Sehr empfehlenswert sind auch wintergrüne Farne wie Hirschzungenfarn *(Phyllitis)*, Schildfarn *(Polystichum)* und Streifenfarn *(Asplenium)* sowie Gräser wie Seggen *(Carex morrowii)*, Schwingel *(Festuca ovina)* und Simsen *(Luzula sylvatica)*.

Immergrüne Pflanzen wie die Strauchveronika setzen auch im Winter Akzente.

Im Nutzgarten

Kleine Eingriffe mit großer Wirkung

Die späteren Kronenformen der Obstbäume werden schon in den ersten Jahren nach der Pflanzung entscheidend geprägt. Der Erziehungsschnitt darf nicht vernachlässigt werden. Mit wenigen Eingriffen in die jungen Kronen lässt sich die Entwicklung des Ast-

Mit dem Erziehungsschnitt formt man die Krone bei Obstbäumen.

Ein senkrechter Mitteltrieb bleibt stehen. Konkurrenztriebe werden entfernt.

werks wesentlich steuern. Schon jetzt werden geeignete Seitentriebe ausgewählt, die später das Kronengerüst bilden. Sie sollten günstig angeordnet sein und in verschiedene Richtungen weisen. Der Rückschnitt langer Triebe regt sie zum Austrieb von Seitenzweigen an. Er fördert auch das Dickenwachstum und kommt der Entwicklung eines kräftigen Astwerks zugute. Ein senkrechter Mitteltrieb bildet die Stammverlängerung. Er wird, falls nötig, gestäbt und gerade nach oben gerichtet.
Konkurrenztriebe müssen Sie entfernen. Nach der Auswahl und Korrektur der erhaltenswerten Triebe ist es dann nur noch nötig, alle störenden Triebe auszuschneiden. Dazu zählen insbesondere solche Triebe, die nach innen wachsen und ganz eindeutig die Entwicklung einer schönen Krone behindern.

Großvaters Tipp

Ende Februar, wenn die Tage schon spürbar länger werden, ist die Anzucht der ersten Fruchtgemüse möglich. Zur Pflanzzeit im Mai stehen dann kräftige, blühfähige Jungpflanzen bereit. Allerdings sind Gemüsepflanzen wie Tomaten, Paprika oder Auberginen auf viel Licht angewiesen.

Mischkulturen planen

Mischpflanzungen mit verschiedenen Gemüsearten haben sich im Hausgarten bewährt. Sie nutzen den Platz besser aus, zumal sich hohe und niedrige Arten kombinieren lassen. Zudem sind sie weniger anfällig für Krankheiten und Schädlinge als Monokulturen. Allerdings müssen Sie verträgliche Pflanzen kombinieren und günstige Folgepflanzungen planen, zumal nach dem Abernten Lücken frei werden.
Schon jetzt ist Gelegenheit zur Einteilung solcher Mischkulturen und geeigneter Fruchtfolgen für die kommende Saison. Die Vorplanung auf Papier ist auch bei der Beschaffung der Sämereien und bei der Anzucht der Jungpflanzen nützlich. Versuchen Sie nach Möglichkeit, Pflanzen aus unterschiedlichen Familien abzuwechseln.

März

Endlich werden die Tage wieder spürbar länger – vom Monatsanfang bis zum Ende um fast zwei Stunden. Licht und Wärme wecken die Pflanzen.

Dafür ist jetzt die Zeit gekommen

- Noch ist Zeit zum Schneiden der Bäume und Sträucher; jedoch nur noch zum Auslichten und für andere kleinere Eingriffe. Größere Eingriffe, wie etwa das Entfernen dicker Äste, sollten nicht mehr durchgeführt werden.
- Ein Rückschnitt bei Sommerflieder und ähnlich empfindlichen Sträuchern, die oft vom Frost stark geschädigt wurden, fördert die Erholung.
- Bei frostfreiem Boden ist wieder Pflanzzeit für alle Arten von Gehölzen und Stauden.
- Wenn der Boden abgetrocknet und erwärmt ist, beginnt die Saatzeit bzw. Pflanzzeit für Möhren, Spinat, Salat, Rote Bete, Petersilie, Zwiebeln und andere Frühgemüse.
- Bevor der Rasen austreibt, lässt er sich durch Vertikutieren verjüngen und zum Wachsen anregen.
- Zimmer- und Kübelpflanzen jetzt umtopfen. Bei langstieligen Oleandern, Engelstrompeten und anderen regt Rückschnitt zur Verzweigung an.
- Vlies oder Folie schützen empfindliche Pflanzen weiterhin vor Nachtfrost und kaltem Wind und müssen regelmäßig kontrolliert werden.
- Reifer Kompost sollte möglichst bald verbraucht werden, zumal der Regen die Nährstoffe auswäscht; man braucht jetzt ohnehin reichlich davon zum Pflanzen sowie im Gemüsegarten.

Eine Krokuswiese mit prächtigen Farbtupfern im frischen Grün des Grases.

Der Monat März ist eine ganz entscheidende Zeit im Gartenjahr. Je nach Wetterlage können noch überfällige Winterarbeiten wie der Gehölzschnitt erledigt werden, zudem stehen schon viele Saat- und Pflanztermine an. Der Boden sollte aber vor der Bearbeitung frostfrei und gut abgetrocknet sein.

Im Ziergarten

Frostschutz entfernen

Sobald die Märzensonne die ersten Stauden und Zwiebelblüher aus dem Boden lockt, müssen Laubschüttungen und andere dichte Frostschutzabdeckungen entfernt oder gelüftet werden. Fichtenzweige bleiben aber weiterhin griffbereit liegen. Sie dienen zur Schattierung, verzögern den vorzeitigen Austrieb und mildern strenge Nachtfröste ab, die ja immer noch zu erwarten sind.

Stauden und Gräser teilen

Rechtzeitig vor dem Austrieb der frischen Halme und Blätter können kräftige Stauden, wie etwa Margeriten, Schwertlilien oder Astern, sowie Gräser, wie etwa Lampenputzer, Blaukissen oder Blauschwingel durch Teilung vermehrt werden. Dazu sticht man die Pflanzen mit Wurzelstock aus und zerteilt sie mit der Grabgabel oder mit den Händen in kräftige, gut bewurzelte Stücke. Diese „Jungpflanzen" können sogleich im Garten verteilt und gepflanzt werden.

Rosenschnitt

Rechtzeitig bevor die Rosen zu treiben beginnen, ist der jährliche Rückschnitt fällig. Wie bei allen Gehölzen gilt auch bei Rosen der Grundsatz: je stärker der Rückschnitt, umso kräftiger der Austrieb. Beetrosen, Teehybriden, Floribunda-Sorten und Polyantharosen bekommt ein kräftiger Rückschnitt auf kurze Stummel mit wenigen Knospen durchaus gut. Sie verzweigen sich danach und bringen bis zum Juni wieder kräftige Blütentriebe hervor. Schwache Büsche werden entsprechend stärker geschnitten, kräftige weniger radikal. Eine gute Nährstoffversorgung (z. B. mit Kompost) fördert den Austrieb. Bei starkwüchsigen Typen, insbesondere bei Strauch- und Kletterrosen, genügt es, schwache Triebe auszuputzen und sehr dichte Büsche

Damit Strauchrosen wieder kraftvoll austreiben, schneidet man jetzt kräftig zurück.

Die Forsythien mit ihren unzähligen gelben Blüten sind im zeitigen Frühjahr eine Zierde für jeden Garten.

Im Gewächshaus

Anzucht von frostharten Gemüsen jetzt beginnen

Das wechselhafte und oft noch frostige Wetter lässt im Frühjahr nur wenige Gemüsepflanzungen und Aussaaten im Kleinglashaus zu. Es kommen nur frostharte Arten zum Einsatz, die kalte Nächte ohne Schaden überstehen. Dazu gehören Kopfsalat, Kohlrabi, Feldsalat, Rettiche und Lauch sowie der mittlerweile auch bei uns bekannte und sehr geschätzte Rucola. Jungpflanzen können im Wohnhaus vorkultiviert werden. Sie stehen dann jederzeit bei günstigem Wetter zum Umsetzen ins Gewächshaus bereit.

ein wenig auszulichten. Nur wenn sie stark vom Frost geschädigt wurden, bekommen auch diese Typen einen kräftigen Rückschnitt. Sie verjüngen sich schon bis zum Sommer wieder.
Achten Sie beim Rosenschnitt auch auf Wildtriebe aus dem Boden. Sie müssen entfernt werden. Wenn Sie unsicher sind, können Sie damit bis zum Austrieb warten. Wildtriebe aus der Veredelungsunterlage sind an den typischen kleinen Blättern zu erkennen. Wildstrauchrosen brauchen keinen besonderen Schnitt. Falls nötig werden sie nur ausgelichtet und von Ausläufern befreit.

Nistkästen reinigen

Meisen, Spatzen und anderen heimischen Singvögeln waren die Nistkästen während des Winters willkommene Schutzhöhlen in kalten Nächten. Jetzt sind die Kästen rechtzeitig vor der Brutzeit von alten Nestern, Federn und dergleichen zu reinigen, sonst werden sie von den Vögeln unter Umständen nicht angenommen und neu bebrütet. Bei dieser Gelegenheit entfernen Sie auch etwaige Wespennester und reparieren beschädigte Kästen.

Nistkästen müssen unbedingt von alten Nestern befreit und gereinigt werden, sonst nehmen die Vögel sie nicht wieder an.

Frühbeete

Gewächshäuser und Frühbeete sind besonders in der Übergangszeit vom Winter zum Frühjahr wertvoll, wenn häufige Wetterwechsel noch einen Schutz der Pflanzen nötig machen. Unter Glas oder Folie bleiben die Jungpflanzen von kalten Nordwinden, von Schnee und leichten Spätfrösten verschont. Frühbeete bieten genauso gute Bedingungen wie hohe Gewächshäuser, zumal Salate, Kohlrabi, Rettiche und andere Gemüse nicht viel Raum zum Wachsen brauchen. Wichtig ist eine gute Bodenvorbereitung und Verbesserung mit Kompost. Wie im Freiland haben sich auch im Frühbeet Mischkulturen bewährt. So lohnt es sich, wechselweise Pflanzen verschiedener Familien einzusetzen, um Schädlinge auf Abstand zu halten. Das Einstreuen oder Einpflanzen von Blumen und Kräutern trägt ebenfalls zur Abwehr von Schädlingen und zur Gesunderhaltung der Bestände bei.

Im Frühbeet reifen schon die ersten Salatköpfe heran und können jetzt nach und nach geerntet werden.

Im Nutzgarten

Beste Saatzeit nutzen

Von Anfang bis Ende März werden die Tage um fast 2 Stunden länger. Das wirkt sich sehr günstig auf das Wachstum der Zimmerpflanzen aus. Die bessere Lichtversorgung kommt natürlich auch der Entwicklung aller Jungpflanzen im Haus zugute. Gegen Ende März beginnt deshalb die beste Zeit zur Vermehrung aller Gemüsepflanzen, die eine Vorkultur auf einer hellen Fensterbank benötigen. Bis zur Pflanzzeit im Mai stehen dann kräftige Exemplare von Tomaten, Paprika, Melonen und anderen Arten zur Verfügung.

Jungpflanzen abhärten

Frischluft macht stark. Das gilt besonders für junges Gemüse, das im Haus vorkultiviert wurde. Im Windschutz auf der warmen Fensterbank wachsen Jungpflanzen von Tomaten, Paprika, Gurken und anderen Arten zwar schnell in die Höhe, sind aber oft nicht kräftig genug und kippen leicht um, wenn sie dann zur Pflanzzeit hinaus ins Freie kommen.
Vorbeugend sollten Sie die Jungpflanzenbestände bei jeder Gelegenheit draußen abhärten. An milden Frühlingstagen bekommen sie einen Platz auf einer geschützten Terrasse oder in einem offenen Gewächshaus. Die Mühe der Umstellung lohnt sich, denn Sie werden sehen, dass sich die Pflanzen deutlich kräftiger entwickeln. Natürlich dürfen sie am Abend nicht draußen vergessen werden.

Gründünger säen

Schon im Frühjahr lohnt es sich, freie Beete mit Gründüngerpflanzen zu bedecken. Die Sämlinge bilden bald nach der Aussaat einen dichten Bewuchs, der den Boden gut schützt. Sie bleiben so lange stehen, bis die Anbaufläche für Gemüse gebraucht wird. Dann lassen sich die krautigen Pflänzchen einfach in den Boden einharken und tragen zur Humusbildung bei.

Jetzt Obstgehölze pflanzen

Im März ist Pflanzzeit für alle möglichen Obstgehölze. Bevorzugt werden solche Sorten, die sich als besonders robust und krankheitsresistent bewährt haben. Beispielsweise kommen bei Stachelbeeren nur mehltauresistente Sorten in Frage. Auch bei Weinreben, die mit vielen Krankheiten zu kämpfen haben, werden besser gute Sorten aus der Region, den unbekannten Züchtungen vorgezogen.

Großvaters Tipp

Wer mit Sicherheit gute Erträge erzielen möchte, sät am besten stets mehrere Sorten. Insbesondere bei Tomaten und anderen Gemüsearten, die eine lange Entwicklungszeit haben, lohnt es sich in jedem Fall, damit es zu keiner „Missernte“ kommt und wenigstens einige Pflanzen reichlich gute Früchte tragen.

April

An milden Tagen beginnt die Natur jetzt mit Kraft zu sprießen. Blütengehölze öffnen ihre Knospen, bunte Zwiebelblumen zeigen ihre Pracht.

Dafür ist jetzt die Zeit gekommen

- Jetzt ist im Freiland Aussaat-Zeit für Möhren, Dill, Petersilie, Radieschen, Rettiche, Rote Rüben, Rosenkohl, Erbsen, Pastinaken, Eissalat, Kohlrabi, Borretsch, Brokkoli, Zucchini, Kürbisse und andere Gemüse; drinnen geht die Anzucht von Tomaten, Paprika und anderen empfindlichen Arten voran.
- Ringelblumen, Kornblumen, Goldmohn, Sonnenblumen, Reseda und andere Sommerblumen werden in vorbereitete Beete gesät.
- Kräftige engstehende Sämlinge aus der Vorzucht müssen jetzt rechtzeitig in Töpfe pikiert werden.
- Noch ist Pflanzzeit für ausdauernde Stauden und Gräser.
- Gehölze lassen sich nur bis zum Austrieb pflanzen, es sei denn, Sie kaufen Containerpflanzen, die das ganze Jahr erhältlich sind.
- Für raues Wetter werden Folien und Vliese zum Schutz der frühen Saatbeete vorbereitet.
- Unter Glas muss je nach Wetter gelüftet oder schattiert werden.
- Bei mildem Wetter kommen die Kübelpflanzen ins Freie; frostempfindliche jedoch nur zum Abhärten.
- Noch können Obstbäume veredelt und Gehölze durch Steckhölzer (z. B. Beerenobst) vermehrt werden.

April, April, der weiß nicht, was er will! Dieses Sprichwort beschreibt das Wetter recht zuverlässig. Dementsprechend gestaltet sich die Gartenpflege. So kann ein Kälteeinbruch den Jungpflanzen auf den Beeten oder auch den frühen Blüten zu schaffen machen. Falls nötig, können Sie die Auswirkungen von Spätfrösten durch Vlies oder Folie auf den Pflanzen lindern. Bei mildem Wetter gibt es drinnen und draußen jede Menge beim Pflanzen und Aussäen zu tun. Die leuchtend gelben Forsythien sind jetzt in fast jedem Vorgarten zu bewundern. Im weiteren Verlauf des Monats öffnen Felsenbirnen, Rhododendren, Zierkirschen, Zierjohannisbeeren, Sternmagnolien und andere Gehölze ihre Blüten. Zudem drängen Tulpen, Narzissen, Krokusse, Kaiserkronen und andere Zwiebelblumen verstärkt aus dem Boden. Die Fülle wird durch etliche Stauden, wie Primeln, Bärlauch, Gänseblümchen und Gemswurz ergänzt.

Die Zwiebelblumen drängen überall aus dem Boden. Hier die ersten Hyazinthen.

Narzissen bilden, wenn sie dicht gepflanzt wurden, ein wahres Blütenmeer.

Im Ziergarten

Dahlien teilen

Im April ist Pflanzzeit für Dahlien. Eigene Wurzelstöcke vom Vorjahr oder beim Gärtner gekaufte lassen sich teilen, wenn sie kräftig genug sind. Dazu durchtrennt man sie einfach mit einem Messer. Dabei unbedingt auf die „Augen“ (Knospen) achten. Die beim Schnitt entstehenden Teilstücke müssen deutlich sichtbare triebfähige Knospen haben. Wurzelstücke ohne Knospen sind wertlos, weil sie nicht austreiben!

Forsythien nach der Blüte schneiden

Forsythien sind wohl die zuverlässigsten Frühblüher, die das Reich der Gehölze zu bieten hat. Ihren leuchtend gelben Flor bringen diese südosteuropäischen Gebirgspflanzen bei mildem Wetter schon Ende März hervor. Die Hauptblütezeit liegt aber im April. Forsythien vertragen nach der Blüte einen Schnitt. Es genügt in der Regel, einige alte Zweige direkt am Boden herauszuschneiden. Das regt die Sträucher zur Entwicklung junger Zweige an, die dann bereits während des Sommers Blütenknospen für das kommende Jahr ausbilden.

Staudenstützen rechtzeitig stecken

Prachtstauden sehen nach einem heftigen Sommergewitter nicht mehr prächtig aus, wenn sie vom Sturm und Regen zerzaust wurden. Vorbeugend sollten empfindliche Arten wie Rittersporne oder Pfingstrosen rechtzeitig Stützen bekommen. Am besten geschieht dies bereits im Frühjahr nach dem Austrieb. Jetzt lassen sich die Draht- oder Holzgestelle noch einfach und ohne Verletzungen einsetzen. Die Stauden wachsen dann darüber hinaus und lassen die Stützen unter dichtem Blattwerk verschwinden.

Wie Stauden müssen auch die Strauchpfingstrosen meist gestützt werden.

Froschlaich beachten

Im Frühjahr treffen sich Frösche und Kröten in natürlichen Wasserstellen, um sich zu paaren. Gern suchen sie auch Gartenteiche auf. Wenn Sie also die typischen im Wasser schwebenden Laichschnüre entdecken, sollten Sie diese auf keinen Fall bei Reinigungsarbeiten am Teich herausfischen. Und wenn vielleicht eine schon länger geplante Teichrenovierung ansteht, verschieben Sie diese bitte den Fröschen und Kröten zuliebe auf den kommenden Herbst.

Rasenpflege vor der Saison

Der Rasen ist eine lebende Pflanzengesellschaft. Das ständige Werden und Vergehen hinterlässt natürlich auch Rückstände, die es regelmäßig zu beseitigen gilt. Im Frühjahr ist eine günstige Gelegenheit für eine gründliche Rasenrenovierung. Gartenrasen sind künstliche Pflanzengesellschaften. Sie bestehen aus wenigen Gräser-Arten, die in einer bestimmten Mischung den grünen Teppich bilden. Solche Monokulturen oder Pioniervegetationen bleiben normalerweise nicht lange erhalten. Von Natur aus entwickeln sich durch Einflug anderer Samen bald Mischbestände, wenn nichts dagegen unternommen wird. Der Wind weht schon bald Samen von Löwenzahn, Disteln und Gänseblümchen an. Klee kriecht mit Wurzelausläufern in die Rasenfläche. Zudem ruhen unzählige weitere Samen im Boden, die auf ihre Chance zum Keimen und Wachsen warten. In naturnahen Gärten stören diese und andere Blütenpflanzen wenig. Die bunten Blüten lockern die grüne Rasenfläche sogar auf. Nach dem Mähen bekommen die Gräser wieder Licht und Luft. Sie kämpfen mit vitalen Büscheln gegen die Konkurrenz im Revier an. Dabei können sie unterstützt werden, so etwa durch das Vertikutieren, durch gezielte Düngergaben oder das gezielte Ausstechen von störenden Wurzelunkräutern.

Das Vertikutieren wirkt sich ganz wesentlich auf die Gesunderhaltung der Rasenfläche aus. Dazu dienen besondere Rechen oder Motorgeräte, die speziell für diese Rasenpflege entwickelt wurden. Beim Vertikutieren schneiden entweder scharfe Rechenzinken oder Messer an einer rotierenden Walze in die Grasnarbe ein. Sie holen dabei abgestorbene Pflanzenteile, Moos, breitblättrige Kräuter und Steine heraus.

Obwohl die Fläche nach einer solchen Prozedur arg gerupft aussieht, erholt sie sich doch in wenigen Wochen wieder. Die Grasbüschel haben jetzt Platz, sich wieder kräftig auszubreiten. Zudem regt das Zerschneiden durch die scharfen Messer ihre Wurzelbildung an.

Vertikutieren ist eine regelrechte Verjüngungskur für ältere Rasenflächen.

Rasen renovieren

Falls nötig, lässt sich das Vertikutieren gleich mit einer „Runderneuerung" kombinieren. Eine marode Rasenfläche kann bei dieser Gelegenheit gründlich verjüngt werden. Dazu bekommt sie – nachdem der alte Filz entfernt ist – einen entsprechenden Bodenhilfsstoff. Das kann je nach Zustand der Fläche beispielsweise Sand sein oder Kompost, der breitwürfig verteilt wird. Zudem ist die Nachsaat kahler Stellen mit einer geeigneten Rasenmischung möglich. Im Handel sind dazu auch spezielle Erneuerungssaaten erhältlich, die direkt in die vertikutierte Rasenfläche gesät werden. Sie ersparen das Umgraben und die nachfolgenden Neuanlage. Nach dem Einharken und Angießen verjüngt sich die Fläche. Sie beginnt bald üppig zu grünen und ist nach einer Schonzeit voll einsatzbereit.
Die beste Zeit für das Vertikutieren ist im Frühjahr, bevor die Wachstumsphase einsetzt. Dann schaffen die Messer Licht und Luft für die Entwicklung der noch gesunden Gräser. Zudem reißen sie den vom Schnee und Regen verdichteten Boden auf. Das kommt der Belüftung zugute. Das Vertikutieren ist auch während der Saison möglich. Die Fläche sollte allerdings beim Einsatz eines Motorgerätes nicht nass sein, sonst rupfen die Messer neben dem Filz auch ganze Rasenbüschel mitsamt ihren Wurzeln aus. Am besten wird der Rasen vorher kurz gemäht.

Nach einer Verjüngungskur entwickelt sich der Rasen zu prächtigem Grün.

Im Nutzgarten

Praktischer Folientunnel

Im April ziehen gelegentlich noch Fröste übers Land. Dann brauchen empfindliche Pflanzen einen Schutz. Kübelpflanzen beispielsweise werden dann nochmals

Beregnungssysteme erleichtern die Versorgung der Pflanzen in Trockenphasen.

Rhabarber kann schon sehr früh im April geerntet werden, wenn man die Pflanzen rechtzeitig mit Folie oder Vlies abdeckt.

in Vlies oder Folie gehüllt. Jungpflanzen auf den Beeten bleiben mithilfe von Folientunneln von Frostschäden verschont. Solche Schutzvorrichtungen bestehen aus Draht- oder Holzgerüsten, die mit spezieller Gartenfolie bespannt werden.

Obstpflanzung immer vorher mit den Nachbarn besprechen

Während Quitten, Mispeln, Pfirsich- und Aprikosenbäume auch fruchten, wenn nur ein Exemplar von ihnen im Garten steht, sind Apfel-, Birnen- und Süßkirschenbäume auf Blütenstaub von anderen Sorten angewiesen. Bei Sauerkirschen und Zwetschgen gibt es selbstfruchtbare und selbstunfruchtbare Sorten. Auch sie tragen allgemein reicher, wenn mehrere

Großvaters Tipp

Die erste Ernte der sauren Rhabarberstängel ist schon im April möglich, wenn die Pflanzen mit Folie abgedeckt und vorzeitig zum Austreiben angeregt werden. Dazu dreht man kräftige Blattstiele am Wurzelhals aus dem Boden, sodass möglichst geringe Verletzungen bleiben.

Exemplare verschiedener Sorten in der Umgebung stehen. Den Blütenstaub befördern meist die sprichwörtlich fleißigen Bienen. Je geringer die Bäume voneinander entfernt stehen, desto günstiger ist natürlich die Bestäubung. In diesem Sinne lohnt es sich, die Obstsortenwahl möglichst mit den Nachbarn abzusprechen, zumal die Bestäubung der Blüten grenzüberschreitend geschieht. Empfehlungen für günstige Sorten gibt es in Fachbüchern, beim Gartenamt oder in regionalen Obstbaumschulen, in der auch die Jungpflanzen zu bekommen sind.

Einfache Veredelungen

Das Veredeln von Obstgehölzen muss nicht nur den Profis in den Baumschulen vorbehalten bleiben. Diese Vermehrungsmethode gelingt auch ungelernten Gartenfreunden, wenn sie zunächst mit „einfachen“ Pflanzen einsteigen. Die besten Anwachschancen bieten Veredelungen von Birnen. Auch beim Apfel sind die Erfolgsaussichten in der Regel recht groß. Schwieriger in der Kultur sind allgemein die Steinobstbäume.

Als einfachste Veredelungsmethode im Frühjahr hat sich das Rindenpfropfen bewährt. Dazu wird einer geeigneten Unterlage – das kann z. B. ein wilder junger Birnensämling sein – ein Trieb einer edlen Sorte aufgesetzt. Wichtig ist, dass der Zustand beider Veredelungspartner stimmt. Und zwar muss die Rinde an der Veredelungsunterlage im Saft sein. Andernfalls lässt sie sich nicht lösen. Das Rindenpfropfen ist also erst ab etwa Ende April möglich. Bis dahin müssen die zuvor geschnittenen Edeltriebe (Reiser) kühl und dunkel aufbewahrt werden, damit sie frisch bleiben. Bereits ausgetriebene Reiser sind wertlos.

Zum Veredeln wird die Unterlage (z. B. das Stämmchen) in der gewünschten Veredelungshöhe abgeschnitten. Nach dem Einschneiden der Rinde lassen sich die beiden Rindenlappen aufklappen. Der Edeltrieb wird dann etwa auf 10–15 cm abgelängt und unten schräg angeschnitten. Die Schnittfläche sollte möglichst groß sein. Gärtnerlehrlinge bekommen zum Üben dieses Kopulationsschnitts zunächst Weidenruten. Damit können auch Sie Ihre Geschicklichkeit schulen. Nach dem Zuschneiden schieben Sie den Trieb hinter die Rinde. Jetzt ist noch ein Bastverband und ein Wachsverschluss nötig. Dann kann der Edeltrieb geschützt anwachsen.

Durch sogenannte Kopulation lassen sich Obstbäume schon im März veredeln. Dazu sind zwei gleich dicke Veredelungspartner nötig (z. B. ein junger Sämling und ein Edeltrieb einer gewünschten Sorte). Diese werden beide schräg angeschnitten, damit sie möglichst große Schnittflächen bekommen, die dann deckungsgleich aufeinander liegen sollen. Durch Umwickeln mit Bast werden die Schnittflächen fest gegeneinander gedrückt und fixiert. Ein Verschluss der Veredelungsstelle mit Baumwachs oder künstlicher Rinde verhindert das Eindringen von Wasser. Bereits nach rund acht Wochen ist dann am Austrieb zu sehen, ob sich die beiden Veredelungspartner tatsächlich wie gewünscht verbunden haben.

So wird der als Unterlage beim Rindenpfropfen benutzte Sämling vorbereitet.

Die vorbereiteten Edelreiser werden mit einem scharfen Messer angeschrägt.

Die Rinde der Unterlage einschlitzen, sodass die Rinde aufgeklappt werden kann.

Der schräg angeschnittene Edeltrieb kann nun hinter die Rinde geschoben werden.

Mai

Im berühmten „Wonnemonat" Mai grünt und blüht es überall im Garten. Die Sonne hat schon enorme Kraft, und der Sommer ist nicht mehr weit.

Dafür ist jetzt die Zeit gekommen

- Mitte Mai beginnt die Saison für alle frostempfindlichen Pflanzen. So können auch Zucchini, Tomaten und andere wärmebedürftige Gemüse ausgesät oder ausgepflanzt werden. Ebenso Sommerblüher ins Freie, ebenso die Knollen von Dahlien und Gladiolen.

- Wenn das Glashaus frei wird, ist Platz für Paprika, Gurken, Melonen u. a. Gemüse, die Schutz brauchen.

- Das „Wachswetter" im Mai lässt auch das Unkraut sprießen. Die wichtigste Pflegearbeit im Garten ist jetzt das regelmäßige Jäten.

- Im Mai nach dem Austrieb beginnt die Pflanzzeit für Containerpflanzen.

- Das Schnittgut vom Rasenmähen eignet sich zum Mulchen der Beete, oder es wird mit anderen Gartenabfällen vermischt und kompostiert.

- Nach dem Abernten von Salat, Rettichen und anderen Frühgemüsen lassen sich die Lücken mit vorkultivierten Pflanzen aus dem Haus oder geeigneten Nachsaaten wieder schließen.

- Gießwasser muss jetzt reichlich bereit stehen. Das Sammeln von Regenwasser in Fässern und Zisternen lohnt sich auf jeden Fall.

- Im Frühbeet und Gewächshaus ist – je nach Wetter – das Lüften, Ablüften, Gießen und Schattieren wichtig.

Wenn das „Mailüftchen“ weht, kommen Flora und Fauna im Garten wieder voll zur Entfaltung. Neben Obst- und Ziergehölzen blühen Zwiebelblumen und Stauden auf. Bienen und Hummeln sammeln Blütenstaub und tragen zur Befruchtung bei. Die Vögel suchen singend nach passenden Partnern. Alles wächst und gedeiht. Was sich im Mai in einer Woche entwickelt, braucht im August den ganzen Monat. Dieser Vegetationsschub macht natürlich auch mehr Pflege nötig.
Zitrusbäumchen, Oleanderbüsche und Lantanen sowie Fuchsien, Pelargonien, Petunien und Tagetes tragen wesentlich zur Blütenfülle in unseren Gärten bei. Typische Maiblüher der heimischen Pflanzenwelt sind Flieder, Rosskastanien und Maiglöckchen.

Im Ziergarten

„Mandelbäumchen“ schneiden

Der Schnitt der Ziergehölze richtet sich nach deren Blütezeit. Sommerflieder *(Buddleia)*, Edelrosen und andere Sommerblüher vertragen einen kräftigen Rückschnitt im Frühjahr. Sie entwickeln dann bis zur Blütezeit wieder kräftige blühfähige Triebe. Frühjahrsblüher werden am besten nach der Blüte geschnitten. Normalerweise genügt es, die Büsche ein wenig auszulichten, so etwa beim Flieder *(Syringa)*, beim Goldregen oder bei Zierquitten. Und zwar werden einige alte Zweige direkt am Boden entfernt. Das fördert die Verjüngung und den Austrieb neuer Blütentriebe für das nächste Jahr. Einige Arten brauchen jedoch eine Sonderbehandlung. Insbesondere sollten Hängekätzchenweiden *(Salix caprea 'Pendula')* und „Mandelbäumchen“ *(Prunus triloba)* nach der Blüte kräftig gestutzt werden. Das regt sie zur Entwicklung neuer Blütentriebe für das nächste Jahr an. Nach dem Rückschnitt auf kurze Stummel mit wenigen Knospen (etwa wie bei Edelrosen) bringen die kleinen Bäumchen während des Sommers wieder viele kräftige Triebe hervor und bilden buschige Kronen. „Mandelbäumchen“ sind übrigens keine Fruchtgehölze, sondern reine Zierpflanzen. Sie tragen nur Blüten. Süß- oder Bitter-Mandeln entwickeln sich nur an echten Mandelbäumchen *(Prunus dulcis)*. Diese dürfen aber natürlich nicht gestutzt werden. Sonst gehen die befruchteten Blüten verloren.

Kübelpflanzen-Schattierung

Kübelpflanzen vertragen eine direkte Umstellung ins Freie schlecht. Die Blätter sind an das wesentlich geringere Licht im Haus oder in der Garage gewöhnt und reagieren empfindlich auf einen schnellen Wechsel ins Freilandklima. Die Blätter verbrennen unter Umständen in der Sonne oder werden vom Wind zerrissen. Stellen Sie Ihre Kübelpflanzen also zunächst an geschützte Plätze, oder geben Sie Ihnen einen luftigen Schutz.

Kübelpflanzen müssen nach dem Aufenthalt im Winterquartier erst langsam wieder an die Sonne gewöhnt werden.

Grasschnitt luftig kompostieren

Das Schnittgut vom Rasen lässt sich gut kompostieren. Das krautige Material verrottet rasch und verwandelt sich in stickstoffreichen Humus. Damit dies jedoch ohne Geruchsprobleme geschieht, muss das Schnittgut luftig aufgeschichtet werden. Andernfalls stinkt der Kompost bald. Am besten vermischen Sie den gesammelten Rasenschnitt mit anderen für den Kompost bestimmten Materialien und vermengen sie gut miteinander.

Schmetterlingspflanzen

Jetzt, wenn das Mailüftchen weht, sieht man sie wieder, die bunten Schmetterlinge. Vor allem fliegen sie auf Blüten, die reichlich Nektar spenden. Vorzügliche Nektar-„Tränken“ für Schmetterlinge sind der Sommerflieder, Disteln, der Sonnenhut, aber auch viele Wildblumen und Kräuter. Besonders gut geeignet sind der Salbei, die Taubnessel oder andere Lippenblütler, da ihre Blüten ideal geformt sind für ihre langen Saugrüssel.

Schmetterlingspflanzen wie der Sonnenhut ziehen die Gaukler der Lüfte magisch an.

Sichtschutz mit Pflanzen

Die warmen Maitage locken uns hinaus ins Freie. Auf Balkon oder Terrasse fehlt häufig jedoch ein geeigneter Sichtschutz. Hier können Sie statt Holzelementen auch verschiedene Containerpflanzen verwenden. Neben sommergrünen Blütensträuchern wie Sommerflieder und Weigelien passen Immergrüne wie Kirschlorbeer und Eiben, die auch im Winterhalbjahr dicht bleiben. Diese Arten sind für einen ganzjährigen Stand im Freien geeignet, wenn sie vor strengem Frost geschützt werden. Das gilt auch für Obstgehölze in Töpfen, die im Sommer ein dichtes Blattwerk und Früchte tragen. Eine Gruppe kräftig gewachsener Exemplare genügt zur Abschirmung einer Sitzecke. Die Containerpflanzen brauchen neben der Wasserversorgung und Düngung keine besondere Pflege. Sie lassen sich je nach Geschmack und Bedarf auch sehr gut mit blühenden Balkon- und Kübelpflanzen kombinieren.

Balkonbegrünung mit Blauregen

Wer sich die Pflege von Petunien, Pelargonien oder Fuchsien ersparen möchte oder keine Zeit dazu hat, muss nicht auf Balkonblumen verzichten. Der Freisitz in luftiger Höhe lässt sich auch vom Boden aus begrünen. Dazu dienen starkwüchsige Kletterpflanzen wie Knöterich, Geißblatt oder Glyzinen, die in den Garten gepflanzt und nach oben gelenkt werden. Glyzinen überwinden problemlos einige Stockwerke und bringen im Frühjahr gleich mehrere Balkone zum Blühen. Als Kletterhilfe eignen sich stabile Spanndrähte. Am Regenfallrohr dürfen diese kräftigen Schlinger allerdings nicht gesetzt werden. Die mitunter armdicken Triebe drücken sonst mit der Zeit das Blech zusammen!

Im Nutzgarten

Obstpflanzung noch im Mai

Früher beschränkten sich die Pflanzzeiten auf wenige Wochen im Herbst und im Frühjahr. Heute ist die Pflanzung von Gehölzen das ganze Jahr möglich,

Der Blauregen mit seinen herrlichen Blüten braucht unbedingt stabile Kletterhilfen.

wenn der Boden nicht gefroren ist. Containerpflanzen machen es möglich. Auch jetzt im Mai lassen sich noch Obstbäume und -sträucher in den Garten setzen. Selbst zur Blütezeit ist die Pflanzung kein Problem. Jedes Gartencenter hält ein Sortiment an Gehölzen für den Verkauf bereit. Die Containerpflanzen kosten etwas mehr als Pflanzen mit losen Wurzeln. Sie brauchen aber keinen Pflanzschnitt und wachsen mit Sicherheit an.

Hautflügler ansiedeln

Obstbäume sind mit wenigen Ausnahmen auf die Bestäubung durch Insekten angewiesen. Am meisten tragen dazu Bienen und andere Hautflügler bei. Nur Nussbäume, Haselsträucher, Esskastanien und andere Windblütler kommen ohne die Bestäubung durch Insekten aus.

Die Ansiedlung von Nützlingen im Obstgarten wirkt sich ertragssteigernd aus, weil Wildbienen, Hummeln, Schwebfliegen und dergleichen dann direkt an den Nektarquellen leben und keine weiten Flugstrecken zurücklegen müssen. Unterschlupf bietet man den Insekten mit Schilfrohrbündeln, Nisthölzchen oder speziellen Behausungen aus Flechtwerk und Lehm. Viele Tipps dazu bieten die Naturschutzorganisationen wie Nabu oder BUND. Es dauert mitunter zwar eine Weile bis die Nützlinge solche Hilfen annehmen, dann aber bleibt der Nachwuchs nicht aus. Ideal ist es, wenn Sie ergänzend auch eine kleine Wasserstelle anlegen und zusätzliche Blütenpflanzen setzen.

Störende Triebe ausknipsen

Im Mai nach dem Austrieb sind bereits wesentliche Eingriffe zur Erziehung junger Obstkronen oder auch zur Auslichtung erwachsener Bäume möglich. Bevor sich junge störende Triebe voll entwickeln und verholzen, werden sie einfach ausgeknipst. Das gelingt mühelos und hinterlässt nur kleine Wunden, die zügig und ohne Spuren verheilen. So lassen sich u. a. Triebe, die nach innen wachsen, Konkurrenztriebe zum Gipfel oder auch Stammausschläge vorzeitig entfernen. Sie müssen sonst spätestens im nächsten Winter ausgeschnitten werden. Natürlich kommt dieser „Grünschnitt" auch den Gehölzen selbst zugute. Sie verbrauchen dann keine Kraft zur Entwicklung unnötiger Triebe. Am besten vertragen sie diese Pflegemaßnahme bei trockenem Wetter, zumal dann die Infektionsgefahr durch Pilzsporen gering ist. Bei der Gelegenheit werden auch zu straffe Bänder gelöst oder wacklige Pfähle erneuert.

Spalierobst heften

Schon im Mai bringen Spalierobstbäumchen kräftige Triebe hervor, da sie durch den strengen Formschnitt zu starkem Austreiben angeregt wurden. Sobald die brauchbaren Neutriebe, die zur Erweiterung der Spaliere dienen, nicht mehr zu weich, sondern

Großvaters Tipp

Ein Sorten-Mix beim Gemüse vergrößert das Angebot, verlängert die Erntezeit und schränkt Ausfälle durch Krankheiten ein, da die verschiedenen Sorten nicht gleichermaßen anfällig sind. Das gilt für alle Salate und Gemüse, insbesondere auch für Fruchtgemüse unter Glas.

elastisch sind, werden sie an das Spalier geheftet. Dann verholzen sie in der gewünschten Lage und schmiegen sich eng an das Gerüst an. Gleichzeitig sollten Sie alle unbrauchbaren Triebe entfernen. Übrigens ist jetzt auch noch Zeit zum Bauen und Bepflanzen neuer Obstspaliere. Gut eignen sich u. a. Apfel-, Birnen- und Aprikosenbuschbäumchen für diese Erziehungsform.

Wo kein Platz für frei stehende Bäume ist, kann man Spalierobst pflanzen.

Häckselwege gegen Schnecken

Das beste Mittel gegen Schnecken ist eine sichere Einfriedung gefährdeter Pflanzen. Über leicht erreichbare Gemüsebeete fallen die Schädlinge immer wieder her. Wenn sie aus der Deckung heraus weite Strecken zurücklegen müssen, suchen sie vorzugsweise andere Futterpflanzen auf. Besonders an sonnigen Tagen wirken breite Wege als wirksame Barrieren. Ein rauer Belag beispielsweise aus gehäckseltem Holz hält die Kriechtiere zusätzlich ab. Immerhin müssen sie viele kantige Hindernisse überwinden, bis sie ihr Ziel erreicht haben. Das gehäckselte Holz kann direkt auf den Boden aufgetragen werden. Eine dicke Schicht hält mehrere Jahre.

Günstige Mischkulturen

Mischpflanzungen aus Blumen und Gemüse sehen bunter aus als reine Monokulturen und sind gewöhnlich auch gesünder. Jetzt zur Hauptpflanzzeit im Gemüsegarten lohnt es sich, Tomaten, Gurken, Zucchini und weitere Gemüse zu kombinieren und zudem mit Tagetes, Ringelblumen, Kapuzinerkresse und anderen Blumen aufzulockern. Zu empfehlen ist auch das Beipflanzen von Küchenkräutern. Für Schnittlauch, Petersilie, Basilikum und dergleichen sind im Gemüsebeet immer Lücken zu finden.

Frische Kräuterjauchen ansetzen

Das Wachswetter im Mai regt jede Menge Wildkräuter zum Austreiben an. Jetzt gibt es Brennnesseln, Beinwell, Wermut und andere krautige Pflanzen in Fülle, deren Inhaltsstoffe eine stärkende oder heilsame Wirkung haben. So enthalten Brennnesseln nachweislich Eisen, Kieselsäure, Kalium, Calcium und weitere Wirkstoffe, die nach der Vergärung aus den Blättern gelöst werden und den Gartenpflanzen beim Gießen und Besprühen zugute kommen. Die Wirkstoffe sind natürlich nur in geringen Mengen vorhanden, sodass sich meist keine schnellen Erfolge einstellen. Wie alle Naturheilmethoden ist auch die Anwendung von Kräuterjauchen eine Langzeittherapie. Sie sollte in Kombination mit anderen Methoden wie dem Anbau in Mischkulturen, der Bodenverbesserung mit Kompost und dergleichen geschehen.

Rezept für Brennnesseljauche

1 kg Brennnessel auf 10 l Wasser kleingehackt in einen Eimer geben (für größere Mengen entsprechend mehr). Am besten vor der Blütezeit, also von Mai bis Juli ansetzen. Sobald nach wenigen Tagen die Gärung einsetzt, immer wieder umrühren. Wegen der Geruchsbelästigung abdecken, aber nicht luftdicht verschließen. Nach ungefähr 1–2 Wochen ist die Gärung vorbei (bei warmem Wetter früher). Die Jauche kann unverdünnt als Flüssigdünger gegossen

werden. Sie enthält Mineralien, Kieselsäure, Eisen und andere Wirkstoffe. Der üble Geruch verschwindet schon sehr bald nach dem Ausbringen

Gewächshaus lüften und schattieren

Im Mai kann die Frühjahrssonne dem Gewächshaus oder Frühbeet ganz schön einheizen. Das kommt den wärmebedürftigen Fruchtgemüsen sehr zugute. Allerdings sind Temperaturen über 40 °C schädlich. Das Lüften und Schattieren darf an sonnigen Tagen aus diesem Grund nicht vergessen werden. Vorbeugend lohnt sich der Einbau von Lüftungsautomaten. Diese einfachen Geräte heben die Fenster automatisch und schließen sie auch wieder, wenn es kühler wird.

Im Gewächshaus muss bei sonnigem Wetter schon schattiert werden.

Ausgewogene Düngung

Mit dem verstärkten Wachstum im Mai wird auch das Düngen nicht ausreichend mit Nährstoffen versorgter Böden immer wichtiger. Das Wachstum der Pflanzen richtet sich nach dem Nährstoff, der in der geringsten Menge im Boden vorhanden ist. Dieser Lehrsatz sollte besonders vor der Pflanzung beachtet werden. Es hilft nichts, wenn beispielsweise reichlich Stickstoffdünger gegeben wird, doch ein anderer notwendiger Nährstoff im Boden fehlt. Wichtig ist eine ausgewogene Düngung, und die liefert nach wie vor guter Kompost am besten.

Gesundes Wachstum im Nutzgarten wird durch Mischkulturen unterstützt.

Juni

Endlich ist Sommer! Die Natur schenkt uns im Juni die längsten Tage des Jahres, und ringsum werden im Garten Blütenträume wahr.

Dafür ist jetzt die Zeit gekommen

- Der Juni ist der Rosenmonat. Jetzt blühen die meisten Wild- und Edelrosen. Welke Blüten sollten immer wieder entfernt werden.
- Bei Trockenheit ist die Bewässerung die wichtigste Gartenpflege. Kübel- und Balkonpflanzen brauchen jetzt täglich viele Liter Wasser. Eine Bewässerungsanlage erleichtert die Versorgung.
- Den Rasen jetzt regelmäßig mähen. Das Gras kann liegen bleiben („Mulchmähen"), oder man nimmt es zum Kompostieren bzw. zum Mulchen von Beeten und Rabatten.
- Noch ist Pflanz- bzw. Aussaatzeit für Salat, Kohl, Möhren und andere Gemüse auf freie oder frei gewordene Beete, wobei auf günstige Folgesaaten und Mischkulturen zu achten ist.
- Glashäuser- und Frühbeete brauchen jetzt eine regelmäßige Schattierung, sonst verbrennen die Pflanzen. Ebenso wichtig ist das Lüften.
- Im Juni werden Veilchen, Bartnelken und andere Zweijahresblumen für das nächste Jahr ausgesät.
- Heftiges Gießen oder ein Platzregen verkrusten den Boden. Falls nötig, muss er gelockert werden, oder man schützt ihn mit einer Mulchdecke.
- Die beste Zeit für den Heckenschnitt ist etwa Ende des Monats, dann haben die meisten Gehölze den Hauptzuwachs hinter sich. Danach bleiben sie ziemlich in Form. Auf brütende Vögel achten!

Im Juni ist die Hochsaison für alle Edelrosen. Bei sonnigem Wetter kommen Beetrosen, Strauchformen und kletternde Züchtungen voll zur Blüte. In den Weinbergen liegt der Duft der Rebenblüten in der Luft. Zudem gibt es jede Menge Holunderblüten, die sich in der Küche nutzen lassen. Ebenso markant ist die Blütenpracht der Linden. Sie lockt nicht nur Bienen und Hummeln in Scharen an. Ansonsten prägen im frühen Sommer Rittersporne, Schwertlilien, Pfingstrosen und andere attraktive Blütenstauden das Gartenbild. Dieser Flor lässt sich mit einjährigen Sommerblumen ergänzen, die jetzt aus eigener Anzucht zur Verfügung stehen oder gekauft werden. Tagetes, Verbenen, Lobelien, Gazanien und die vielen anderen Dauerblüher machen den ganzen Sommer über bis zum Herbst Freude mit immer neuen Blüten. Die Blüte der heimischen Wildblumen wie Klatschmohn, Kornblumen oder Kamille dauert dagegen nur wenige Tage an.

Kletterrosen können an Spalieren und Pergolen in die Höhe wachsen.

Im Ziergarten

Wildtriebe bei Edelrosen entfernen

Bei Edelrosen ist auf Wildtriebe zu achten. Diese kräftigen Triebe aus dem Boden müssen gründlich entfernt werden. Sie sind leicht an den kleinen Blättern erkennbar.

Rosenmonat auf Balkon und Terrasse

Die einfachste und bequemste Art der Balkonbegrünung ist die Bepflanzung von unten, also vom Boden aus. Sie ist mithilfe von Kletterpflanzen möglich, die in Balkonnähe ans Haus gepflanzt und mit der Zeit nach oben gelenkt werden. Dazu eignen sich Weinreben, Blauregen und andere Kletterer oder auch starkwüchsige Kletterrosen. Eine vitale und gesunde Art ist beispielsweise die Sorte Sympathie, die selbst hohe Hauswände überwindet. Genau genommen winden Kletterrosen nicht, sondern sie spreizen sich an Spalieren oder anderen Kletterhilfen ein. Als typische Spreizklimmer braucht die Kletterrose also nach der Pflanzung eine ausreichende Hilfe, bis sie am Balkon angelangt ist. Oben spreizen sich die Triebe dann von selbst im Geländer ein. Noch üppiger und bunter gestalten natürlich zwei oder mehrere verschiedene Sorten den Balkon. Ebenso schön können Kletterrosen auf einer Pergola wirken.

Rosen veredeln

Die Hauptblütezeit im Juni lässt sich auch zur Auswahl von Mutterpflanzen für die Veredelung nutzen. Jetzt können schöne, gesunde Rosen begutachtet und gekennzeichnet werden. Gegen Ende Juni beginnt die Veredelungszeit für Rosen. Dann werden Triebe von den gewünschten Sorten abgeschnitten und einzelne Augen (Knospen) davon in vorkultivierte Unterlagen (junge Wildrosen) eingesetzt. Die Augen wachsen an, treiben aus und entwickeln eigene Rosenbüsche, die dann genau die selben Blüten tragen wie die Mutterpflanzen, von denen die Edeltriebe geschnitten wurden. Wer diese Veredelungs-Technik (die „Okulation“) nicht beherrscht, kann seine Rosen-Sorten auch im Auftrag veredeln lassen. In Rosenschulen oder Baumschulen wird dies gewöhnlich gern gegen einen geringen Betrag auf Bestellung durchgeführt. Auf diese Art und Weise lassen sich auch alte Garten-Sorten erhalten und vermehren, die sonst nicht mehr zu bekommen sind.

Mit Stauden gestalten

Während die Gartengehölze im Wesentlichen durch ihre Wuchsformen zur Gestaltung beitragen, bringen die Stauden Farbe in die Anlage. Geschickte Arrangements haben fast das ganze Jahr ihre attraktive Wirkung. Neben der Fülle an Blütenstauden können auch sehenswerte Blattstauden zum Einsatz kommen. Unter dem landläufigen Begriff „Stauden“ sind alle möglichen Pflanzen zusammengefasst, echte Stauden haben aber ihre charakteristischen Merkmale. Stauden sind mehrjährige krautige Gewächse. Es gibt Arten, die im Winter überirdisch absterben, aber im Wurzelstock bis zum neuen Austrieb im nächsten Frühjahr überdauern (z. B. Lupinen, Rittersporn und Margeriten) oder auch wintergrüne, die das ganze Jahr hindurch am Leben bleiben (z. B. Bergenien, Goldnesseln und Hauswurzen). Stauden unterscheiden sich von den Gehölzen insbesondere durch ihre weichen Sprosse, die allenfalls teilweise verholzen. Anders als einjährige Pflanzen, die im Herbst völlig zugrunde gehen, sterben die Stauden nur teilweise ab. Sie verjüngen sich nach dem Winter wieder.

Taglilien jetzt in voller Pracht

Eine Staudenart mit besonderer Sortenvielfalt ist die Taglilie (*Hemerocallis*-Hybriden), die ab Juni zu blühen beginnt. Sie bringt mehrere Wochen hindurch

Stauden wie der Phlox verjüngen sich nach dem Winter wieder zu neuer Pracht.

Die Trichterblüten der Taglilie sind von Juni bis Juli zu bewundern.

Großvaters Tipp

Gute Johannis- und Stachelbeer-Sorten sind am besten jetzt zur Reifezeit an den Früchten zu erkennen. Besonders geschmackvolle und gesunde (mehltaufreie) Sorten können Sie problemlos selbst vermehren, und zwar durch Stecklinge.

immer neue Trichterblüten hervor, die aber nur kurze Zeit frisch bleiben. Es gibt diese sehr wüchsigen Sommerblüher in vielen Sorten mit roten und gelben Farben. Die vitalen Liliengewächse, die ursprünglich aus Ostasien angesiedelt wurden, haben sich schon seit vielen Jahrhunderten in Europa etabliert. Auf sonnigen Plätzen bilden sowohl die Wildformen als auch die Züchtungen mit den Jahren üppige Büschel, die sich durch Teilung vermehren lassen. Für gutes Gedeihen ist ein nährstoffreicher Boden mit guter Wasserversorgung nötig.

Im Nutzgarten

Gelbtafeln wieder abnehmen

Viele Kirschfruchtfliegen gehen den Gelbtafeln auf den Leim, die nach der Blüte in die Kirschbäume gehängt werden. Diese Klebfallen dürfen aber keine Dauereinrichtung sein, denn sonst fangen sie unnötig auch Nützlinge weg. Sie helfen ohnehin nur während der Flugzeit der Kirschfruchtfliegen. Die dauert normalerweise nur wenige Wochen, und zwar solange die Kirschen unreif sind. Dann legen die Weibchen ihre Eier in den Früchten ab, woraus sich die Maden entwickeln. Bei der Ernte sollten die Fallen mitsamt den gefangenen Schädlingen abgenommen und vernichtet werden. Zudem ist es empfehlenswert, auch madige Kirschen zu vernichten, um die Entwicklung und Verbreitung der Kirschfruchtfliegen zu verhindern.

Johannisbeer-Stämmchen stützen

Immer beliebter sind bei Gartenfreunden Johannisbeeren, die als Kronenbäumchen angeboten werden. Man hat diese Johannisbeeren auf wilde Johannis-

Johannisbeeren, die reiche Früchte tragen, können Sie durch Stecklinge vermehren.

beer-Stämmchen veredelt. Dazu benutzen die Baumschulen gewöhnlich die Goldjohannisbeere *(Ribes aureum)* als Unterlage. Die entwickelt recht gerade Stämmchen, die jedoch ziemlich schwach und elastisch bleiben. Während der Reifezeit der Früchte hat ein solches Stämmchen eine enorme Last zu tragen. Damit die Beerenobst-Stämmchen der Last der Kronen standhalten und bei Sturm und Nässe nicht umknicken, sollten sie schon direkt nach dem Einpflanzen mit Pfählen gestützt werden.

Noch Fruchtgemüse säen

Im Juni ist es noch nicht zu spät für die Aussaat von Fruchtgemüse. So lohnt es sich durchaus noch, Samen von Zucchini, Riesenkürbissen, Wassermelonen, Gurken und Bohnen in den Boden zu stecken. Sie keimen schon nach wenigen Tagen, wenn sie genü-

Die ersten Frühkartoffeln sind nun erntereif. Gleichzeitig werden die späten gesetzt.

Pflanz- und Erntezeit für Kartoffeln

Im Juni ist zugleich Pflanz- und Erntezeit für Kartoffeln, vorausgesetzt, dass rechtzeitig im April Frühkartoffeln gesteckt wurden. Die ersten Frühkartoffeln sind erntereif, sobald die Pflanzen im Juni abgeblüht haben. Bei Bedarf werden dann einfach einige Stauden ausgegraben und ausgeschüttelt, um die Knollen abzuernten. Die übrigen Stauden bleiben noch auf dem Beet, bis das Laub verwelkt ist. Nebenher können an anderer Stelle – etwa auf freigewordenen Kohlrabibeeten – Spätkartoffeln gesteckt werden, die dann im Spätsommer erntereif sind. Auf diese Weise haben Sie mehrmals im Jahr frische Kartoffeln aus dem Garten. Wo einmal Kartoffeln gestanden haben, dürfen allerdings einige Jahre keine Kartoffeln mehr angebaut werden.

gend Wärme und Wasser bekommen, und bringen in einigen Wochen bereits die ersten Früchte hervor. Für Tomaten, Paprika und andere Arten mit langer Anzucht ist die Zeit zur Aussaat freilich längst vorbei. Aber auch sie können noch in den Garten gesetzt werden, wenn vorgezogene Jungpflanzen vorhanden sind.

Tomaten entgeizen

Außer regelmäßiger Bewässerung und Düngung brauchen Tomatenpflanzen nicht viel Pflege. Damit sie kräftige Stämmchen entwickeln, ist es aber nötig, die Seitentriebe aus den Blattachseln, die sogenannten Geiztriebe, immer wieder auszubrechen. Dies sollte möglichst früh mit den noch zarten Geiztrieben geschehen, damit keine großen Wunden entstehen.

Nicht abgeerntete Zwiebeln bilden im Sommer dekorative Blüten aus.

Ein Kräuterbeet für den täglichen Bedarf in der Küche darf in keinem Garten fehlen.

Zwiebeln blühen lassen

Küchenzwiebeln werden nur einjährig oder zweijährig kultiviert. Sie bilden bereits im Sommer nach der Aussaat oder Pflanzung Zwiebeln, die dann nach dem Abwelken der Schlotten erntefähig sind. Dazu werden sie aus dem Boden gezogen, damit die Säfte in die Zwiebeln einziehen. Küchenzwiebeln sind aber auch mehrjährig kultivierbar. Sie bringen dann im zweiten Standjahr Blütenstängel mit vielen kleinen weißen Blüten hervor, die den Bienen wertvollen Nektar anbieten. Es lohnt sich, einige Zwiebeln beispielsweise an Beeträndern stehen zu lassen, damit sie zur Blüte kommen.

Kräuter aus eigenem Anbau

Soweit Sie in Ihrem Garten noch kein Kräuterbeet angelegt haben, ist es jetzt höchste Zeit, dies nachzuholen. Jeder Garten bietet Platz für die Ansiedlung verschiedener Kräuter-Arten. Das können Heilpflanzen sein oder auch Küchenkräuter, die weniger wegen der heilsamen Wirkung kultiviert werden, sondern weil sie einen besonderen Geschmack haben. Natürlich wollen „auch die Augen ihren Teil". Die meisten Kräuter haben aber in jeder Hinsicht etwas zu bieten. So bringen ursprünglich mediterrane Arten wie Lavendel, Salbei und Rosmarin immergrüne Büsche hervor, die sich mit silbrigem Laub und blauen Lippenblüten zeigen. Sie passen in reine Kräuterbestände oder auch zwischen Rosen und Blütenstauden. Das Kraut eignet sich dann nach der Ernte – je nach Art – für Duftsträuße, Tees oder Bäder. Die Pflanzung ist mit Containerpflanzen auch im Sommer möglich.

Lavendel als typischer Sommerblüher lockt mit seinem Duft zahlreiche Insekten an.

Juli

Der Hochsommermonat Juli bringt oft Hitze und längere Trockenheit. Das regelmäßige Bewässern der Gartenpflanzen steht dann im Vordergrund.

Dafür ist jetzt die Zeit gekommen

- Das Mulchen der Beete spart jetzt im Hochsommer Wasser; das Schnittgut vom Rasen ist dazu gut geeignet. Es ist besser, gelegentlich durchdringend zu gießen, als häufig nur oberflächlich.
- Während der Kirschenernte müssen Sie dürre und kranke Zweige sofort ausschneiden.
- Tomatenpflanzen sollten unten vollständig entblättert werden, das verhindert die Ausbreitung von Pilzkrankheiten. Außerdem sind die Geiztriebe regelmäßig zu entfernen.
- Zum Rosen- und Obst-Veredeln – und zwar durch Okulation – ist jetzt im Juli die günstigste Zeit.
- Hohe Stauden brauchen eine Stütze, sonst fallen sie bei Regen oder Gewitterstürmen leicht um. In den Beeten wird verblühtes und abgestorbenes Material regelmäßig entfernt, damit weitere Blüten angeregt werden.
- Erdbeeren lassen sich durch die als Kindel bezeichneten Ableger vermehren; am besten steckt man diese Ausläufer gleich in Töpfe mit lockerer Erde.
- An heißen Sommertagen brauchen besonders Kübelpflanzen reichlich Wasser.
- Am Gartenteich werden verblühte Seerosen abgeschnitten, ehe sie zu Boden sinken und dort verfaulen.

Die Gartenpflege ist im Juli ganz wesentlich vom Wetter abhängig. Wenn sich ein beständiges Hochdruckgebiet gebildet hat, muss fast täglich gewässert werden. Oft kommt es auch zu heftigen Sommergewittern, die dann zwar das Gießen überflüssig machen, aber auch zu Schäden an empfindlichen Pflanzen führen. Für alle Fälle lohnt es sich, in den Sommermonaten Gießwasser in Zisternen oder Fässern zu sammeln. Regenwasser ist immer besser als Leitungswasser. In den Staudenbeeten erfreut im Juli eine regelrechte Blütenfülle den Gartenbesitzer. Jetzt spenden typische Sommerblüher wie Edelrosen, Sommerflieder oder Lavendel, aber auch Kapuzinerkresse, Ringelblumen oder Sonnenblumen den Schmetterlingen, Bienen und Hummeln nahrhaften Nektar. Dazu gesellen sich im Laufe des Sommers auch Knollen- und Zwiebelblumen wie Dahlien, Lilien und Gladiolen, die sich in vielen verschiedenen Farben kombinieren lassen.

Im Ziergarten

Samen reifen lassen

Viele Gartenpflanzen bringen nach der Blüte auch Früchte hervor, die sich zur Vermehrung nutzen lassen. Die Nachzucht lohnt sich vor allem bei Wildpflanzen, die nicht durch Züchtung bearbeitet wurden. Einige Arten vermehren sich auf diese Weise sogar selbst im Garten. Das gilt besonders für Sommerblumen oder Stauden wie Ringelblumen, Jungfern im Grünen, Schlafmützchen, Mohn, Fingerhut, Lichtnelken und Königskerzen. Sie bilden Samen, die im Boden keimen und wieder Jungpflanzen hervorbringen. Auf diese Art bleibt der Bestand erhalten. Natürlich kann von diesen und anderen Pflanzen auch gezielt reifer Samen abgeerntet, aufbewahrt und im Frühjahr ausgesät werden.

Korrekturen bei Nadelbäumen

Koniferen, unsere zapfentragenden Nadelgehölze (von lat. *coniferum* = zapfentragend), wie etwa Fichten, Tannen oder Kiefern wachsen normalerweise einstämmig und verlängern sich jedes Jahr im Sommer durch einen kräftigen jungen Gipfeltrieb, der dann verholzt und die Stammverlängerung bildet.

Manchmal geschieht dies allerdings mehr schlecht als recht. Der Gipfel wächst krumm, oder er wird von mehreren anderen Trieben behindert. In einem solchen Fall empfiehlt es sich, einzugreifen und, falls nötig, krumme Gipfeltriebe an einen Stab zu binden oder Konkurrenztriebe zu entfernen, damit die Bäume einen schönen symmetrischen Wuchs beibehalten.

Rasen nicht zu kurz mähen

An heißen Sommertagen trocknet der Rasen leicht aus. Bei anhaltender Trockenheit ist es daher nicht empfehlenswert, das Gras sehr kurz zu mähen, zumal es im Sommer ohnehin wesentlich langsamer wächst als im Frühjahr.

Bei hohen Sommertemperaturen sollte der Rasen nicht zu kurz geschnitten werden.

Vogeltränke aufstellen

Singvögel sind besonders während der Brutzeit auf Wasserstellen angewiesen. Gartenteiche oder kleine Vogeltränken erleichtern ihnen das Leben, da sie sich so oft weite Flugstrecken ersparen. Die Schalen oder Becken sollten so platziert sein, dass die Tiere ohne Störung anfliegen und trinken können. Die Tränken werden gern auch zur Gefiederpflege genutzt.

Hochsaison für Stecklinge

In den Sommermonaten, sobald die Jahrestriebe der Gehölze nicht mehr weich, aber noch elastisch und noch nicht verholzt sind, lassen sich bei selbst geschnittenen Stecklingen die besten Bewurzelungsergebnisse erzielen. Im Juli ist deshalb eine günstige Zeit zur Vermehrung vieler Baum- und Strauch-Arten. Insbesondere können Sie jetzt Jungpflanzen für Hecken, Beeteinfassungen oder eine flächige Bepflanzung gewinnen. Unter anderem lassen sich Liguster, Feuerdorn, Buchs und Cotoneaster problemlos in großen Mengen durch Stecklinge ziehen. Dazu schneiden Sie etwa fingerlange Triebstücke ab, die unten jeweils schräg an einer Knospe angeschnitten und – nachdem sie ein Stück weit von den Blättern befreit wurden – in Töpfe mit sandigem Anzuchtsubstrat gesteckt werden. Hohe Luftfeuchte fördert die Wurzelbildung. Daher erfolgt die Anzucht vorzugsweise unter Glas. Dazu kann ein freier Platz im Gewächshaus oder auch im Frühbeet vorbereitet werden.

Teichpflege im Sommer

Ein Teich im Garten macht nur dann Freude, wenn er klares Wasser enthält. Algen, Schlamm und zu stark wuchernde Pflanzen müssen Sie früh genug gezielt bekämpfen.

Je größer und tiefer ein Gartenteich angelegt wurde, um so besser ist und bleibt in der Regel die Wassergüte. Ein kleiner Tümpel „kippt" leichter um als ein großer Teich, da sich das Wasser darin stärker erwärmt, was wiederum den Algenwuchs fördert. Als Konkurrenz zu den Algen können Unterwasserpflanzen günstig sein. Die Wasserpest *(Elodea)* beispielsweise filtert Nährstoffe aus dem Wasser und nimmt sie praktisch den Algen weg. Sie selbst lässt sich einfach reduzieren, wenn sie zu sehr wuchert.

Die Wasserschwertlilie ist robust und wächst in der Sumpfzone des Teiches.

Den Algenwuchs verhindern auch Schwimmblattpflanzen wie etwa Seerosen. Sie schattieren das Wasser und reduzieren die sommerliche Erwärmung. Außerdem nehmen sie den Algen das nötige Licht

Teiche mit Fischbesatz brauchen in den meisten Fällen eine Filteranlage.

Je mehr Pflanzen am Teichufer wachsen, desto besser ist in der Regel die Wasserqualität.

weg. Sehr wirkungsvoll lassen sich Algen auch durch Abfischen mit einem Rechen bekämpfen. Wasserschnecken, die Sie dann im Algenfilz finden, setzen Sie wieder ein, denn sie sind nützliche Algenvertilger. Schon bei der Erstbepflanzung eines Gartenteichs muss man mit Weitsicht vorgehen. Die meisten Wasserpflanzen sind Wucherer. Wenn sie einmal Fuß gefasst haben, breiten sie sich durch vitale Wurzelrhizome kontinuierlich aus. Das gilt vor allem für Rohrkolben, Schilf und andere starkwüchsige Arten. Keinesfalls darf bei der Teichanlage Mutterboden eingefüllt werden. Er bringt ein Überangebot an Nährstoffen ins Wasser, das nur das Algenwachstum fördert und so das Wasser trübt. Besser sind reiner Sand oder Kies als Teichboden geeignet. Ungünstig wirkt sich auch ein zu starker Fischbesatz aus. Werden die Fische gefüttert, düngen ihre Ausscheidungen zusätzlich das Wasser. Wer als Besitzer eines Gartenteichs nicht auf attraktive Flossenträger wie Goldfische oder Kois verzichten will, kommt zumindest bei kleineren Anlagen nicht um den Einsatz einer Filteranlage mit Umwälzpumpe herum. Das Wasser hat durch die nährstoffreichen Ausscheidungen der Fische keine Chance, sich auf natürlichem Wege selbst zu reinigen.
Die heute angebotenen Filter arbeiten je nach Typ rein mechanisch oder auch biologisch. Zusätzlich werden teilweise noch UV-Lampen im Filter eingesetzt, deren Licht Algen abtötet.
Verdunstetes Teichwasser wird auch im Sommer gewöhnlich durch die natürlichen Niederschläge wieder aufgefüllt. Nach einigen sehr heißen Tagen, wenn der Wasserpegel zu sehr sinkt, ist eventuell eine Versorgung aus einem Brunnen oder aus einer Zisterne erforderlich. Nur im Notfall lässt man Trinkwasser einlaufen. Regenwasser ist im Übrigen gut geeignet. Es kann direkt vom Dach oder durch ein Filterbecken aus Kies geleitet werden.

Im Nutzgarten

Aprikosen vom Spalier

Hauswände, die nach Süden weisen, bieten sich für Spalierobst an. Vor allem eignen sich Kletterpflanzen wie Weinreben, Brombeeren und Kiwis oder kleine Bäume wie Pfirsiche, schwachwachsende Birnen-Veredelungen oder Aprikosen. Den Aprikosen kommt der geschützte sonnige Stand besonders zugute, da sie schon im März blühen und bereits im Sommer süße Früchte entwickeln. Die kleinen Bäume brauchen nur wenig Wandfläche. Sie werden ohnehin durch einen strengen Erziehungsschnitt in Form gebracht. Das Astgerüst richtet sich nach der Spalierkonstruktion. Wichtig ist eine gründliche Bodenvorbereitung. Das Wurzelwerk braucht genügend Raum zum Ausbreiten. Gebäudeschäden sind normalerweise nicht zu befürchten, denn Hausfundamente müssen ohnehin wurzelsicher gebaut sein. Jungpflanzen bewährter Sorten (z. B. 'Ungarische Beste'

Großvaters Tipp

Im Juli sind die Triebe von Obstgehölzen noch jung und weich. Störende Triebe lassen sich also leicht entfernen. Diese Maßnahme kommt den Bäumen zugute, denn sie müssen solche Triebe, die dann im folgenden Winter ohnehin ausgeschnitten würden, nicht unnötig versorgen.

oder 'Nancy Aprikose') für die Spaliererziehung sind auch jetzt zur Reifezeit noch in Gartenmärkten, Baumschulen oder Versandgärtnereien zu bekommen. Aprikosenbäume zählen zu den selbstfruchtbaren Gehölzen. Sie sind also nicht auf Befruchtersorten in der Nachbarschaft angewiesen.
Vögel fallen gern über frische Beete und reife Beeren her. Einen sicheren Schutz davor geben Netze, die stramm über den Boden oder die Büsche gespannt werden. Weniger wirksam, aber einfacher ist das Aufstellen von Vogelscheuchen.

Selbst gebaute Vogelscheuchen können sehr lustig aussehen.

Äste an Obstbäumen stützen

Bevor reich mit Früchten behangene Zweige von Obstbäumen brechen, sollten sie Stützen bekommen. Dazu können eingekerbte Bretter dienen, die Sie unter die durchhängenden Zweige stellen. Man kann auch Holzlatten benutzen, an denen oben eine Querlatte als Auflage befestigt wird. Die Stützen müssen sicher stehen und auch Gewitterstürmen standhalten. Gegen Scheuerwunden an der Rinde hilft das Unterlegen von Stoff- oder Gummistücken.

Erdbeeren als Bodendecker

Einige Obstgewächse vermehren sich selbst. So sorgen Erdbeer-Mutterpflanzen für ihren Arterhalt, indem sie Ausläufer treiben. Diese „Kindel" wurzeln am Boden fest. Sie können dann abgetrennt und als Jungpflanzen genutzt werden.
Monatserdbeeren lassen sich auf diese Weise auch als Bodendecker einsetzen. Sie haben noch den Charakter der wilden Walderdbeeren und sind mehrjährig kultivierbar. Freie Flächen für Erdbeeren sind u. a. neben den Beerenobstbüschen zu finden oder unter Obstbäumen. Als typische Waldpflanzen gedeihen Erdbeeren vorzugsweise auf lockerem Humusboden.

Mit Gras mulchen

Im Sommer fällt eine Menge Mulchmaterial beim Rasenmähen an. Das Schnittgut ist zum Wegwerfen zu schade. Es eignet sich vorzüglich zum Kompostieren oder auch zum Bedecken freier Bodenflächen im Gemüsegarten. Hier hält es keimende Unkräuter zurück und schützt den Boden vor Austrocknung. Während der Verrottung führt das Gras dem Untergrund wertvolle Nährstoffe zu. Das grüne Mulchmaterial dürfen Sie ruhig in einer dicken Schicht auftragen.

Maschendrahtgitter für Gurken

Freilandgurken bleiben trocken, wenn sie nicht auf dem Boden aufliegen, sondern an Kletterhilfen wachsen. Dazu bieten sich Maschendrahtgitter an, die auf einen Holzrahmen geschlagen und schräg aufgerichtet werden. Als Abstützung dienen Latten, die an Holzrahmen montiert werden. Solche Spaliere können natürlich auch im Gewächshaus als Rankgerüste dienen.

Fruchtfall und Risse verhindern

Vorbeugen ist immer besser als heilen. An heißen Sommertagen ist Wasser das beste Pflegemittel für Ihre Pflanzen. Besonders bei Nutzpflanzen, die jetzt

Zwiebeln werden nach der Ernte locker zum Trocknen ausgelegt.

Weiteres Gemüse für freie Beete

Im Juli werden nach dem Abernten von Salaten, Kohlrabi, Rettich und anderen frühen Gemüsen Beete frei. Sie bieten sich sofort für Folgesaaten oder Nachpflanzungen an.
Noch ist genügend Zeit für den Anbau von Buschbohnen, Chinakohl, Grünkohl, Möhren, Rettich, Radieschen, Zuckerhut, Blumenkohl, Brokkoli, Endiviensalat, Kohlrabi und Kopfsalat.

einen großen Bedarf zur Fruchtentwicklung haben, muss es reichlich zur Verfügung stehen. Ein vorzeitiger Fruchtfall bei Obstbäumen oder auch Risse in Früchten wie Tomaten sind Hinweise auf akuten Wassermangel. Vorbeugend sollten die Pflanzen in Trockenzeiten also reichlich gewässert werden.

Zwiebeln ernten

Während Säzwiebeln vom Frühjahr etwa bis September zur Reife brauchen, sind Steckzwiebeln bereits im Juli erntereif. Sobald sich die Schlotten genannten oberirdischen Teile gelb färben, können Sie die Zwiebeln bei trockenem Wetter aus dem Boden ziehen, grob reinigen und zur Nachreife auf das Beet legen.
Lösen Sie die Zwiebeln am besten mit der Grabegabel aus dem Boden. Erst wenn die Schlotten völlig verwelkt sind, kommen die Zwiebeln als Vorrat für die kommenden Wochen in Kisten oder Netzen an einen kühlen, dunklen und trockenen Ort. Bei Regen sollte die Nachreife natürlich unter einem schützenden Dach geschehen. Das geräumte Zwiebelbeet bietet sich sogleich zur Neupflanzung etwa von Erdbeeren an.

Buschbohnen sind ideal zum Nachpflanzen abgeernteter Gemüsebeete.

August

Mit heißen „Hundstagen" und heftigen Gewittern erreicht der Sommer im August seinen Höhepunkt. Nun beginnt im Garten die große Zeit der Ernte.

Dafür ist jetzt die Zeit gekommen

- August und September sind gute Monate für die Neusaat von Rasen.
- Beim Sommerschnitt der Gehölze werden krumme Gipfeltriebe korrigiert und Konkurrenztriebe entfernt.
- Von Wildstauden lohnt es sich, reifen Samen zu ernten und für die Aussaat im nächsten Frühjahr in Papiertüten geordnet zu lagern.
- Die Zweijahresblumen werden im August ausgepflanzt.
- Im Gemüsegarten ist jetzt Zeit zur Aussaat von Feldsalat, Spinat und winterharten Zwiebeln.
- Nach der Blüte können Sie Stauden durch Teilung vermehren.
- Freie Beete sollten nicht brach liegen. Gründüngersaaten keimen schnell und bilden eine dichte Pflanzendecke.
- Bei Trockenperioden wird im Garten reichlich gegossen; wenn nötig, morgens und abends.
- Achten Sie bei der Obsternte auf die Blütenknospen, die bereits für das nächste Jahr ausgebildet sind.
- Auslichtungs- und Pflegeschnitt werden bei Pfirsich, Aprikose und Beerensträuchern direkt nach der Ernte ausgeführt.
- Immergrüne Hecken werden jetzt geschnitten.
- Blumenwiesen erhalten im August den zweiten Schnitt.

Beet mit Sonnenhut, einer anspruchslosen und blühfreudigen Sommerstaude.

Immer wieder werden hochsommerliche Wetterphasen von kurzen Regenperioden unterbrochen. Das kommt natürlich der Vegetation zugute. Die Hauptwachstumszeit ist im August allerdings schon vorbei. Jetzt beginnt die Zeit der Reife. Im Garten gibt es Obst und Gemüse in Fülle. Das warme Sommerlicht lässt zudem Sonnenhüte *(Rudbeckia)*, Sonnenaugen *(Heliopsis)*, Sonnenbräute *(Helenium)* und nicht zuletzt Sonnenblumen *(Helianthus)* goldgelb leuchten.
Im Hochsommer ziehen nach wie vor die Staudenbeete den Blick auf sich. Auch einjährige Dauerblüher wie Kosmeen, Ringelblumen, Tagetes und Fleißige Lieschen sind zu sehen.
Auf Balkon oder Terrasse warten in Kübeln und Kästen bunte Pelargonien, Petunien, Ziertabak und weitere Balkonblumen auf. Jetzt ist in öffentlichen Anlagen und Gartenschauen die Auswahl schöner Züchtungen für den eigenen Garten möglich.

Im Ziergarten

Jetzt ist Zeit für Samenernte

Aus Blüten werden Früchte beziehungsweise Samenstände. Reife Samen von zahlreichen Stauden und Sommerblumen können jetzt geerntet und zur Vermehrung genutzt werden. Staudensamen (z. B. Schwertlilien, Pfingstrosen etc.) kommen am besten gleich nach der Ernte – also noch im Sommer – in die Erde. Sommerblumen-Samen von Tagetes, Petunien etc. werden in Tüten gepackt und bis zur Saatzeit im nächsten Jahr aufbewahrt.

Sommerschnitt bei Hecken

Laub- wie auch Nadelhecken vertragen im Sommer einen zweiten Schnitt – nach dem ersten Schnitt Ende

Juni oder als Erstschnitt, wenn im Frühsommer nicht geschnitten wurde. Allerdings wachsen die Pflanzen jetzt im Hochsommer kaum noch, das heißt, sie bleiben nach dem Sommerschnitt bis zum nächsten Frühjahr in dieser Form. Deshalb darf nun nicht zu viel weggenommen werden.
Keinesfalls darf man ins alte Holz schneiden, denn die Kahlstellen, die dabei entstehen, bleiben dann bis zum nächsten Jahr sichtbar! Nadelgehölzhecken sind ohnehin nur maßvoll zu schneiden, weil ihnen der Schnitt ins alte Holz grundsätzlich schlecht bekommt und Kahlstellen meist nicht mehr zuwachsen.

Streng geschnittene Hecken wie hier aus Thuja bilden eine regelrechte Wand.

Oleander aus Stecklingen

Oleandertriebe bewurzeln jetzt im Sommer, wenn sie fest, aber noch nicht verholzt sind, am besten. Und zwar nicht in einem Erdsubstrat, sondern vorzugsweise in feuchtem Sand oder Kies oder direkt im Wasser. So lassen sich schöne Sorten am einfachsten vermehren. Beim Schneiden der Triebe ist allerdings Vorsicht geboten, denn der austretende Pflanzensaft ist giftig!

Sonnenblumen einpacken

Die großen Blüten reifender Sonnenblumen packt man rechtzeitig mit engmaschigen Netzen ein und erntet sie nach der Reife unverzüglich ab. Sonst picken die Vögel ihr Winterfutter ohne Not schon im Sommer aus. Die Kerne reifen noch nach, wenn sie in einem trockenen Raum gelagert werden. Danach lassen sie sich leicht abstreifen und (mäusesicher!) in Papiertüten aufbewahren.

Reife Sonnenblumen locken Vögel an und sind ohne Schutz bald leer gepickt.

Welke Rosen ausputzen

Rosenkrankheiten, insbesondere Rost, Mehltau und andere Pilzerkrankungen, dringen häufig über abgestorbene Pflanzenteile in die Büsche ein. Ein gezielter Sommerschnitt kann daher wesentlich zur Gesunderhaltung dieser Bestände beitragen. Insbesondere sollten welke Blüten und bereits befallene Pflanzenteile immer wieder ausgeputzt werden. Bei dieser Gelegenheit sind auch Wildtriebe aus der Veredelungsunterlage möglichst gründlich zu beseitigen.

Rosen abwildern

Edelrosen werden jetzt im Sommer auf Wildrosen veredelt. Das geschieht jeweils durch das Einsetzen einer Knospe in eine vorbereitete Unterlage. Als Unterlagen dienen ausgewählte Sämlinge der Hundsrose *(Rosa canina),* die ja sehr robust und kräftig ist. Diese guten Eigenschaften wirken sich dann insgesamt günstig auf die veredelten Pflanzen aus. So verbessern sie die Frosthärte und die Vitalität der Rosenbüsche.
Allerdings kommt es auch immer wieder vor, dass die Unterlagen Wildtriebe hervorbringen. Diese entwickeln sich kräftig und können sogar die Veredelung völlig unterdrücken, wenn sie nicht unverzüglich entfernt werden.

Artischocken für den Verzehr in der Küche müssen vor der Blüte geerntet werden.

Im Nutzgarten

Brombeeren vermehren

Jetzt zur Reifezeit sind geschmacklich gute Brombeer-Sorten einfach vermehrbar. Dazu dienen junge Jahrestriebe, die zu Boden gedrückt und stellenweise mit Erde angehäufelt werden. Sie bilden an den Bodenberührungsstellen Wurzeln und lassen sich dann im nächsten Frühjahr von der Mutterpflanze abtrennen und an eine andere Stelle umpflanzen.

Artischocken vor der Blüte ernten

Die großen blauen Blüten der Artischocken sind sehenswert. „Fürs Auge" sollte man einige aufblühen lassen. Für den Verzehr müssen die Blüten aber rechtzeitig vorher abgeschnitten werden. Zum Kochen eignen sich nur die jungen Blütenböden, sowie die inneren Hüllblätter. Die äußeren Hüllblätter sind zäh und ungenießbar.

Ernte für die Saure-Gurken-Zeit

Wie bei allen Fruchtgemüsen fördert das regelmäßige Durchpflücken reifer Früchte die Blütenbildung und einen ständig neuen Fruchtansatz. Sobald einzelne Früchte ausreifen, werden die Pflanzen „blühfaul". Sie konzentrieren ihre Kräfte auf die Samenbildung und den Arterhalt.
Pflücken Sie also neben Tomaten, Zucchini und Bohnen auch Gurken regelmäßig durch. Eine reiche Ernte lässt sich durch das Einkochen für den Winter konservieren.

Noch Radieschen und Salat säen

Während hohe Fruchtgemüse wie Tomaten und Gurken an Stützen nach oben wachsen, werden nach der Ernte von Salaten, Buschbohnen, Kohlrabi und dergleichen immer wieder Lücken am Boden frei. Sie bieten sich jetzt noch für Kurzzeitkulturen, wie etwa Radieschen und Kopfsalat an.

Braunfäule befällt häufig die Tomaten. Vorbeugend entfernt man bodennahe Blätter.

Mittel gegen die Braunfäule

Tomaten sind oft von einer Pilzkrankheit betroffen. Die sogenannte Braunfäule breitet sich mit Sporen vom Boden ausgehend auf den Blättern aus. Wenn nichts dagegen unternommen wird, greift der Pilz die ganzen Pflanzen an und bringt sie zum Absterben.

Vorbeugend sollten bodennahe Blätter entfernt werden. Auch erkrankte Blätter sind sofort zu vernichten. Beim Gießen ist Spritzwasser zu vermeiden. Ebenso vermindert das Mulchen des Bodens den Sporenflug. Wer Probleme mit dieser typischen Tomatenkrankheit hatte, sollte einmal bevorzugt kleine Cocktailtomaten pflanzen. Sie haben sich als besonders widerstandsfähig bewährt.

Endivien für den Winter säen

Ähnlich wie bei Chicorée sind Endivien umso bitterer, je grüner ihre Blätter sind. Ihr guter Geschmack kommt erst dann zur Geltung, wenn die Pflanzen gebleicht, also vor dem Sonnenlicht geschützt werden. Die Endiviensamen werden in kurze, 6 mm tiefe Rillen gesät. Damit die Saat schnell keimt, wird der Boden gut gewässert und mit Schutzhauben oder aufgelegter Plastikfolie versehen.
Da Endivien nicht winterhart sind, müssen sie später vor Frost geschützt werden. Man rechnet, dass die Pflanzen 12–14 Wochen nach der Aussaat ausgewachsen sind und gebleicht werden können. Sie müssen die Köpfe dann mit Schutzhauben versehen und zugedeckt lassen. Gebleichte Endivien sind ein ausgezeichneter Ersatz für grünen Kopfsalat.

Endivien jetzt aussäen, damit die Köpfe noch vor dem Winter heranreifen.

Mulchen unterm Beerenobst

Johannisbeer-, Stachelbeer-, Himbeer- und Brombeerbüsche sind typische Waldpflanzen. Als solche gedeihen sie vorzugsweise auf lockeren Humusböden. Im Garten lässt sich ein ähnliches

Trauben werden zurückgeschnitten, damit die Früchte Licht bekommen.

im Sommer noch freie Beete damit bedecken. Im Herbst frieren die Pflanzen ab. Sie werden dann in den Boden eingegraben und kommen der Humusversorgung zugute.

Die Sonne macht die Trauben süß

Die Fruchtqualität wird beim Wein von der Sorte, vom Boden, von der Nährstoffversorgung und anderen Faktoren beeinflusst. Wesentlich wirkt sich aber das Wetter aus. Insbesondere sollten die Früchte zur Reifezeit möglichst viel Sonne abbekommen. Wie im Weinbau ist auch bei Hausreben ein Sommerschnitt förderlich. Dazu werden lange Triebe eingekürzt und störende Geiztriebe entfernt, sodass zwar noch genügend Blätter für die Ernährung der Pflanzen bleiben, aber auch Licht und Luft an die Trauben gelangen.

Milieu durch das Mulchen mit Rindenhumus, Rasenschnitt oder Rohkompost schaffen. Eine dicke Schicht unter den Büschen erhält zudem die Bodenfeuchtigkeit und stärkt sie gegen Pilzerkrankungen

Gründünger säen

Der Gelbsenf zeichnet sich durch seine schnelle Entwicklung aus. Die einjährigen Pflanzen haben sich als Gründünger bewährt. Insbesondere lassen sich auch

Großvaters Tipp

Die „Rosen“ des Blumenkohls färben sich gelblich, wenn sie der heißen August-Sonne ausgesetzt sind. Das lässt sich einfach durch das Umknicken und Auflegen einiger Blätter verhindern. Durch diese Schattierung behält der Blumenkohl bis zur Ernte seine helle, frische Farbe.

September

Bei meist beständigem Wetter wird es nun schon merklich kühler. Der Garten liefert jetzt reiche Ernte, die gelagert und haltbar gemacht wird.

Dafür ist jetzt die Zeit gekommen

- Kübelpflanzen, die keinen Frost vertragen, gehören wie die Zimmerpflanzen bei Nachtfrostgefahr ins Haus. Die robusten Arten sollten aber so lange wie möglich draußen bleiben.
- Beim Abernten der Obstbäume sind auch die fauligen Früchte sofort zu beseitigen, denn sie sind später oft die Ursache für Krankheiten.
- Rhabarber für das kommende Jahr kann jetzt gepflanzt werden.
- Noch grüne Tomaten reifen am Strauch aus, wenn man Folienhauben einsetzt.
- Feldsalat ist ein vitaminreiches Wintergemüse; jetzt ist noch Saatzeit.
- Im September ist die ideale Pflanzzeit für Bäume, Sträucher, Stauden, Gräser und Frühjahrszwiebeln.
- Nach der Brutsaison sollten die Vogelnistkästen gereinigt werden. Im Winter nehmen die Vögel sie gern als Schlafplätze an.
- Bei mildem Spätsommer-Wetter ist noch immer günstige Saatzeit für neuen Rasen. Nachtfrost schadet der aufgehenden Saat übrigens nicht.
- Brachflächen können noch mit Gründünger eingesät werden.
- Leimringe an Birnbäumen zum Schutz vor dem Birnenknospenstecher anbringen.

Obwohl die Temperaturen im September noch sommerlich sein können, ist in ungünstigen Lagen bereits wieder mit Nachtfrost zu rechnen. Bei schönem Wetter lässt die Spätsommersonne viele Früchte reifen. Allerdings werden die Tage schon spürbar kürzer. Diese Übergangszeit vom Sommer zum Herbst macht sich auch an der Vegetation bemerkbar. Die Pflanzen beenden ihr Wachstum und stecken ihre ganze Energie in die Ausreifung von Früchten und Samen.
Die Erntezeit ist zugleich ideale Pflanzzeit für viele Obstgehölze.
Neben reifen Früchten und den ersten bunten Herbstblättern prägen im September immer noch Blütenpflanzen das Gartenbild. So dauert der Flor der Rosen bei schönem Wetter an. Der Schlingknöterich bringt seine rahmweißen Blütenbüschel hervor. Den Ton geben aber vor allem Astern, Sonnenhut, Fetthennen und andere Blütenstauden des Spätsommers an.

Im Ziergarten

Rosen, die noch im Herbst blühen

Die Hauptblütezeit der Wildrosen beschränkt sich auf wenige Wochen im Mai/Juni – je nach Art. Sie sollen ja bis zum Herbst daraus Früchte bilden, um sich zu vermehren. Durch Züchtung und Kreuzung ausgewählter Pflanzen ist es gelungen, den kurzen Flor zu verlängern. Einige Edelrosen zeichnen sich durch eine besonders lange Blütezeit aus. Solche Remontantrosen können bis spät in den Herbst hinein frische Blüten entwickeln.
Das können sowohl Strauchrosen-Sorten sein und Kletterrosen als auch kleine Züchtungen, also Beet-, Edel- oder Bodendeckerrosen. Von den Strauchrosen sind z. B. die Sorten 'Elmshorn' und 'Schneewittchen' Dauerblüher. Die Sorte 'Sympathie' ist wohl eine der besten und blühfreudigsten Kletterrosen. Als remontierend hat sich von den Edelrosen die Sorte 'Herzog von Windsor' bewährt. Von den Beetrosen sei besonders die 'Queen Elizabeth' hervorgehoben. Die 'Fairy' und die verwandten Züchtungen 'Fairyland' und 'Fairy Dance' sind als dauerblühende Bodendecker nicht zu übertreffen. Natürlich ist der Flor vom Wetter und von der Pflege abhängig. Gut versorgte Rosen blühen besser als solche, denen etwas nicht behagt. Entscheidend für ein gutes Gedeihen ist ein möglichst vollsonniger und luftiger Standort auf tiefgründigem, nährstoffreichem Boden. Jetzt ist eine günstige Zeit zur Auswahl und Pflanzung dieser und anderer Sorten.

Späte Rosensorten blühen jetzt noch ausdauernd bis weit in den Herbst hinein.

Stauden teilen

Lupinen, Margeriten, Rittersporn und andere ausdauernde Gartenstauden lassen sich am einfachsten und schnellsten durch Teilung vermehren. Dazu ist jetzt die Zeit günstig. Die Teilstücke wachsen noch vor dem Winter gut an und bringen bereits im nächsten Jahr wieder Blüten hervor. Bei Astern,

Herbstanemonen und anderen Arten, die jetzt in voller Blüte stehen, wird freilich gewartet, bis ihr Flor verwelkt ist.

Astern verschönern den Herbst

Herbstastern sollten in keinem Garten fehlen. Es gibt eine Reihe verschiedener Arten und Sorten, angefangen bei den hohen Raublattastern *(A. novae-angliae)*, die etwa 100 cm hohe Büschel bilden, über die ebenfalls hohen Glattblattastern *(A. novi-belgii)*, die bis 140 cm Höhe erreichen, bis zu den kleinen Kissenastern *(A. dumosus)*, die ausgebreitete Horste entwickeln. Die blauen, roten oder weißen Stauden sind in vielen Farbtönen zu bekommen. Die Pflanzen sind robust und langlebig. Die Vermehrung ist durch Teilung oder auch durch Stecklinge möglich. Die Dauerblüher sind bis zum Spätherbst eine Zierde des Gartens. Sie werden gern von Schmetterlingen, Bienen und Hummeln aufgesucht, die so spät im Jahr solche Nektarquellen schätzen. Der Rückschnitt der Astern sollte erst im Spätwinter vor dem neuen Austrieb erfolgen. Die Pflanzen bilden dann Samen, die gern von Finken und anderen Vögeln verzehrt werden. Das Winterfutter sieht außerdem dekorativ aus, besonders wenn die Stängel vom Reif oder Schnee bedeckt sind.

Raublattastern bilden imposante Stauden von bis zu 140 cm Höhe.

Sind Astern ausgeblüht, dienen ihre Samen als Winterfutter für zahlreiche Vögel.

Blumenzwiebeln pflanzen

Je früher die Zwiebeln der Tulpen, Narzissen, Schneeglöckchen, Krokusse und anderer Frühblüher im Herbst in den Boden kommen, umso besser wachsen sie an. Das macht sich natürlich auch beim Austrieb und Aufblühen im nächsten Frühjahr bemerkbar. Alle Arten brauchen lockeren und nährstoffreichen Boden, damit sie langfristig gut gedeihen und viele Jahre immer wieder blühen.

Wer wenig Arbeit und dennoch immer wieder viele Blüten haben möchte, ist mit Wildzwiebelblumen am besten bedient. Schneeglöckchen, Blausternchen und Krokusse sind nur einige empfehlenswerte Arten. Einmal gepflanzt, blühen sie jedes Jahr wieder. Auch Wildtulpen und Narzissen sind perennierend, das heißt ausdauernd. Tulpen-Züchtungen bleiben gewöhnlich nur wenige Jahre blühfähig. Schon im zweiten Jahr bringen sie am selben Standort nur noch vereinzelte Blüten hervor. Die meisten Zwiebeln treiben nur noch Blätter. Dann ist es nötig, das Beet neu anzulegen.

In guten Garten-Centern finden Sie jetzt eine große Auswahl an Blumenzwiebeln.

Großvaters Tipp

Mit den Rosskastanien, die jetzt im September in Parks von den bekannten großen Bäumen fallen, reifen im Spätsommer auch die Früchte der echten Kastanien (Esskastanien oder Maronibäume).

Günstige Zeit zur Rasensaat

Rasenflächen können das ganze Jahr angelegt werden – wenn der Boden frostfrei ist. Die besten Zeiten dafür sind aber das Frühjahr und der Herbst. Im Frühjahr ist der Boden mit Wasser gesättigt, was den Sämlingen zugute kommt, und auch im Herbst sorgen die meist reichlichen Niederschläge für eine ausreichende Bodenfeuchtigkeit. Auch wenn die Gräser bei einer späten Herbstsaat nicht mehr sofort keimen, so gehen sie doch im nächsten Frühjahr dicht und kräftig auf. Die Flächen nach der Aussaat möglichst nicht mehr betreten.

Pflanzschnitt bei Gehölzen

Mit dem September beginnt die ideale Pflanzzeit für Gehölze. Während Containerpflanzen, deren Wurzelwerk unbeschädigt bleibt, völlig problemlos anwachsen, haben ballenlose Pflanzen Schwierigkeiten. In der Baumschule haben sie beim Roden mit dem Spaten oder dem Unterschneidepflug einen Teil ihrer wichtigen Wurzeln verloren. Sie brauchen nach der Pflanzung einige Zeit, bis sie diese Wurzeln neu bilden. Ein kräftiger Pflanzschnitt erleichtert ihnen das Anwachsen wesentlich. Dazu werden die Triebe etwa um die Hälfte zurückgeschnitten. Am Wurzelwerk sollten Sie nur beschädigte Teile entfernen und lange Wurzeln ein wenig kürzen.

Im Nutzgarten

Pflanzzeit für neue Obsthecken

Einfache oder gemischte Obsthecken sind mindestens so schön wie Zierstrauchhecken. Sie blühen im Frühjahr und entwickeln dann bunte Früchte, die je nach Art vom Sommer bis zum Herbst reifen. Tafelobst lässt sich gut mit Wildobst kombinieren. Eine solche gemischte Obsthecke kann u. a. aus kleinen Apfel-, Birnen- und Quittenbäumchen sowie aus Felsenbirnen *(Amelanchier)*, Zierquitten *(Chaenomeles)*, Johannisbeerbüschen, Kornelkirschen *(Cornus mas)*, Wildrosen und anderen Arten arrangiert werden, eine einfache Hecke auch nur aus Apfelbäumchen.

Wein vor Vögeln schützen

Stare fallen im Spätsommer gern über die reifen Weintrauben her. Winzer schützen ihre Reben oft mit Kunststoffnetzen vor den hungrigen Vögeln. Obwohl die grünen oder blauen Schutznetze nicht gerade dekorativ aussehen, sind sie durchaus auch im Garten zu empfehlen. Sie bewahren die Früchte, ohne deren Reifung zu behindern. Die Schutznetze bleiben ohnehin nur wenige Wochen über den Reben. Nach der Ernte verschwinden sie wieder im Gartenschuppen.

Netze schützen reife Trauben vor räuberischen Staren und Drosseln.

Topinambur verwildert

Viele Nutzpflanzen sind durchaus auch attraktive Zierpflanzen. So haben beispielsweise Artischocken sehenswerte und schmackhafte Blüten, oder auch Tomatenfrüchte sind gleichermaßen eine Augenweide und Gaumenfreude. Eine ausdauernde Sonnenblumen-Art, die Topinambur *(Helianthus tuberosus)*, fällt im Spätsommer durch leuchtend gelbe Blüten auf. Häufig sind üppige Bestände auf Schuttplätzen oder verwildert in freier Natur zu sehen. Sie stammen aus Gärten, in denen sie überhand nahmen und entfernt wurden. Die Stauden breiten sich stark durch Wurzelausläufer aus. An älteren Beständen entwickeln sich die dicken, essbaren Knollen. Erntezeit ist vom Herbst bis zum Frühjahr. In dieser Zeit sind auch Jungpflanzen durch Teilung zu bekommen. Wo sie ungehindert wuchern dürfen, kann man sie direkt in Gartenbeete pflanzen (z. B. als Windschutz an einer Nordseite). In kleinen Gärten bekommen sie besser einen eingeschränkten Wurzelraum. Vor dem Pflanzen empfehlen sich Kostproben der Wurzelrhizome. Sie lassen sich roh (z. B. als Salat geraspelt) oder gekocht zubereiten, sind aber nicht jedermanns Geschmack.

Die Zeit der Obsternte

In den Tropen gibt es rund ums Jahr frische Früchte. In mitteleuropäischen Gärten reift das meiste Obst erst im Herbst. Es lohnt sich, einen eigenen Obst-

Für die Ernte hoch sitzender Äpfel und Birnen ist eine solche Pflückhilfe ideal.

Holunderbeeren sind besonders vitaminreich. Ideal für die Herstellung von Gelee.

garten anzulegen, um für den sofortigen Verzehr wie für die Vorratshaltung Äpfel, Birnen sowie andere Garten- und Wildfrüchte ernten zu können.
Wenn beispielsweise die schwarzen Holunderbeeren satt an den Zweigen hängen, juckt es jeden Kenner in den Fingern. Wohl kein anderes Wildobst lässt sich so leicht ernten und verarbeiten wie diese „Korbfüller". Holundersaft oder Holundergelee sind gesunde Leckereien, die es kaum zu kaufen gibt. Greifen Sie also zu, denn Holunderbeeren reifen oft in nächster Nähe, und wenn sie nicht geerntet werden, fallen sie ungenutzt zu Boden. Für die Vögel bleibt ohnehin genügend übrig. Die Früchte sind übrigens nur gekocht essbar. Rohe Holunderbeeren wirken abführend!
Natürlich hat auch der Garten eine Menge Früchte zu bieten – vorausgesetzt es wurden rechtzeitig Obstgehölze gepflanzt. Jetzt reifen an den Bäumen Äpfel, Birnen, Quitten, Pflaumen und Walnüsse, an Sträu-

Locker in luftigen Holzkisten verteilt, kommen Äpfel in den kühlen Lagerkeller.

chern oder Kletterpflanzen hängen Weintrauben, Kiwis, Haselnüsse sowie letzte Himbeeren und Brombeeren. An Wildobstgehölzen entwickeln sich u. a. Vogelbeeren (die Früchte der Eberesche), Sanddorn, Apfelbeeren (*Aronia melanocarpa*), Hagebutten, Schlehen und Zierquitten (*Chaenomeles*). Dazu kommen noch die seltener gepflanzten Arten wie Esskastanien, Asienbirnen, Mispeln und andere.

Ringelblumen säen sich selbst aus

Ihren deutschen Namen haben die leuchtend gelben Sommerblumen wegen ihrer halbrunden Samen bekommen. Diese reifen jetzt und tragen zur Verbreitung bei, wenn sie auf fruchtbaren Boden fallen. Ein Bestand an Ringelblumen (botanisch: *Calendula officinalis*) sollte im Gemüsegarten erhalten bleiben. Die schönen Dauerblüher stören die Nutzpflanzen kaum und tragen zur Bodenentseuchung bei. Zu dicht stehende Pflanzen lassen sich für Kräuterjauchen nutzen.

Kürbisköpfe

Kürbisse sind rundum schön und nützlich. Die Frühherbstsonne lässt sie jetzt noch richtig ausreifen und macht das Fruchtfleisch süß und die Schale holzig. Nachtfrost schadet den Früchten nicht. Auch wenn das Laub abstirbt, sollten sie bei trockenem Wetter möglichst lange auf dem Beet liegen bleiben und nachreifen.
Natürlich können einzelne Kürbisse auch vorzeitig geerntet werden. Nach dem vorsichtigen Aushöhlen können Sie mit Ihren Kindern daraus dekorative Köpfe schnitzen. In die hohlen Kürbisse werden dann abends Kerzen gestellt, die sie herrlich gruselig erscheinen lassen.

Ein Riesenspaß für alle Kinder: Aus Kürbissen werden Köpfe geschnitzt.

Oktober

Im Oktober werden die Tage merklich kürzer. Die Zugvögel verlassen uns. Zum Monatsende wird es mitunter schon richtig kalt.

Dafür ist jetzt die Zeit gekommen

- Noch ist günstige Pflanzzeit für Bäume, Sträucher, Stauden, Gräser und Zwiebelblumen.
- Vor den ersten strengen Frösten muss der Garten eingewintert werden. Bereiten Sie rechtzeitig Fichtenzweige, Strohmatten, Vliese und andere Schutzmaterialien vor.
- Bei Gärten in Waldrandlage ist es empfehlenswert, junge Obstbäume mit Wildschutzgitter zu ummanteln, damit die Rinde nicht verbissen wird.
- Von Sommerblumen kann man Samen für das nächste Jahr ernten.
- Jetzt kann man Frostspanner mit Leimringen fangen, die an den Obstbaumstämmen angelegt werden; danach wieder abnehmen!
- Eingelagerte Kübelpflanzen brauchen viel frische Luft; an frostfreien Tagen die Quartiere gut belüften.
- Frisch gepflanzte große Bäume sollten sorgfältig gepfählt und gebunden werden, damit sie windsicher anwachsen können.
- Vom Teich wird das schwimmende Falllaub abgefischt, bevor es zu Boden sinkt und dort verfault.
- Balkonkästen und Kübel mit ausgeblühten Sommerblumen werden geleert und gereinigt.
- Den Rasen jetzt zum letzten Mal mähen.
- Frostempfindliche Teichpflanzen ins Winterquartier bringen.

In manchen Jahren bestimmt eine Hochdrucklage das Wetter im Oktober. Dann kommt die Pracht der bunten Bäume richtig zur Wirkung, und man kann die letzten schönen Tage intensiv genießen. Aber auch Regenperioden, Stürme und Frost lassen nicht mehr lange auf sich warten.

Im Ziergarten

Immergrüne Laubgehölze

Besonders im Winterhalbjahr, wenn die sommergrünen Bäume und Sträucher kahl im Garten stehen, freuen wir uns über den Anblick der Immergrünen. Schließlich dauert es bis zum April nächsten Jahres, bis die Sommergrünen wieder frische Blätter bekommen. Neben Nadelgehölzen wirken vor allem immergrüne Laubgehölze durch ihr glänzendes Laub attraktiv. Das Sortiment der zur Verfügung stehenden Arten ist leicht überschaubar. Als recht robust und winterhart haben sich Stechpalmen (*Ilex*-Arten) erwiesen. Dazu sind Buchsbäumchen und Rhododendren ohne Einschränkung zu empfehlen. Rhododendren brauchen natürlich ein spezielles Moorbeet-Substrat (Rhododendron-Erde). Mahonien, Kirschlorbeer und Feuerdorn können bei ungünstigen Umständen, insbesondere bei klarem, kaltem Wetter und gleichzeitigem Wassermangel, Blattschäden bekommen. Sie erholen sich aber normalerweise wieder und bringen im nächsten Jahr frische Triebe hervor. Am besten gedeihen diese Immergrünen im Halbschatten etwa unter hohen Bäumen. Andere, wie etwa Felsenmispeln und Berberitzen, kommen auch auf sonnigen Plätzen zurecht.

Rosen richtig pflanzen

Jetzt im Herbst ist es Zeit, neue Rosen zu pflanzen. Edelrosen, und zwar alle Sorten von Teehybriden, Polyantha- und Floribundarosen (Beetrosen) sowie veredelte Strauch- und Kletterrosen, werden auf Wildrosen okuliert. Die Veredelungsstelle ist bei Jungpflanzen deutlich an einer Verdickung zu erkennen. Sie muss beim Pflanzen ungefähr 5 cm unter die Erdoberfläche kommen, damit sie frostsicher sitzt.

Natürlich brauchen alle Rosen einen vollsonnigen Standort auf tiefgründigem, lockerem und nährstoffreichem Boden. Den empfindlichen Beetrosen tut zudem ein Frostschutz durch Anhäufeln mit Kompost und eine Auflage mit Reisig gut.

Herbstblüher für Schmetterlinge

Im Herbst blühende Stauden sind besonders für Hummeln, Bienen und Schmetterlinge wertvolle späte Nektarquellen. Bei mildem Wetter tummeln sich die letzten Falter auf den bunten Blüten. Ein Bestand an Astern, Herbstanemonen, Silberkerzen *(Cimicifuga)* und anderen Arten kommt diesen Gartenbesuchern sehr zugute.

Natürlich setzen die genannten Herbststauden auch schöne optische Akzente. Ihre Pflanzung und die Vermehrung durch Teilung ist noch nach der Blütezeit möglich.

Immergrüne Blattpflanzen wie der Kirschlorbeer lieben halbschattige Lagen.

Dahlien einräumen

Dahlien blühen bei mildem Wetter bis in den Herbst hinein. Ein kurzer Kälteeinbruch kann die Pracht aber über Nacht zunichte machen. Dann hängen die am Vortag noch prächtigen Blüten kopfüber an den abgewelkten Büschen. Bevor die Knollen einen Schaden abbekommen, brauchen sie ein geschütztes Winterquartier. Sie werden ausgegraben und nach dem Abtrennen der Stängel im trockenen und kühlen Keller eingelagert.

Bitte nicht stören!

Igel, Eidechsen, Kröten und andere Nützlinge, die sich schon in ihr Winterquartier zurückgezogen haben, sollten jetzt nicht mehr durch übertriebene Aufräumarbeiten gestört werden. Holzhaufen, Laubhügel, Steinstapel und andere Schlafstätten werden – falls nötig – erst im nächsten Frühjahr umgeschichtet.

Frostschutz für empfindliche Gartenpflanzen

Die strengsten Fröste sind im Jahresdurchschnitt erst im Januar zu erwarten. Dennoch sollten die Vorbereitungen für den Winterschutz rechtzeitig getroffen werden. Schon im Oktober kann Kälte den empfindlichen Pflanzen zu schaffen machen. Bereiten Sie rechtzeitig den Winterschutz vor.

Im Nutzgarten

Obst-Mischpflanzung

Wer jetzt neue Obstbäume pflanzen will, sollte auf die richtige Mischung achten. Bei allen Obstgehölzen wirken sich Mischpflanzungen verschiedener Sorten günstig auf die Befruchtung aus. Bei den selbstunfruchtbaren Arten wie Apfelbäumen, bei Süßkirschen, bei zweihäusigen Kiwis oder einigen Pflaumen-Sorten ist sie sogar nötig, sonst entwickeln die Bäume keine Früchte. Die Mischpflanzung wirkt sich aber auch günstig auf die Erntezeit aus. Durch das Nebeneinander früher, mittelfrüher und später Sorten dauert die Ernte vom Sommer bis zum Herbst. Außerdem werden Ausfälle einzelner Bäume – etwa mangels Bestäubung bei schlechtem Wetter – ausgeglichen. Die Sorten müssen aber zusammenpassen, damit sie sich gegenseitig bestäuben! In jeder guten Baumschule werden anhand von Tabellen passende Befruchter-Sorten zusammengestellt oder empfohlen.

Quitten ausreifen lassen

Obwohl sie ursprünglich aus Kleinasien stammen, sind Quitten *(Cydonia oblonga)* recht frosthart. Ihre Früchte sollten möglichst lange am Baum bleiben, damit sie gut ausreifen. Erst wenn sie den flaumigen Belag verlieren und eine glänzend gelbe Schale zeigen, ist Erntezeit. Die großen, harten Kernobstfrüchte eignen sich beispielsweise hervorragend zur Zubereitung von Gelee oder Kompott.

Quitten werden erst geerntet, wenn die Früchte komplett ausgereift sind.

Mäusesichere Komposter

Fäulnis oder Schädlinge können die Kompostierung von Abfällen erschweren. Gegen Fäulnis hilft am besten ein gutes Durchmischen der Inhaltsstoffe. Vor Schädlingen wie Ratten oder Wühlmäusen schützen engmaschige Drahtkomposter oder Kunststoffsilos mit Boden. Bei unten offenen Silos oder bei selbstgebauten Kompostern ist die Platzierung auf einem Stück engen Maschendraht zur Vorbeugung gegen unerwünschte Nager wirksam.

Porree ist meist frosthart und steht den ganzen Winter über zur Ernte bereit.

Porree steht den Winter durch

Lauch oder Porree zählt wie andere Zwiebelarten zu den winterharten Stauden. Er ist von Natur aus mehrjährig und frosthart. Die Frosthärte ist jedoch von der Sorte abhängig. Während die robusten Sorten auf den Beeten bleiben und bei Bedarf geerntet werden, lassen sich empfindliche besser im Einschlag aufbewahren. Dazu werden sie mit den Wurzeln ausgegraben und an einem geschützten Ort in den Boden eingeschlagen.

Tomaten reifen nach

Fruchtgemüse wie Paprika oder Tomaten entwickeln bei frostfreiem Wetter bis in den Herbst hinein weiterhin Blüten und Früchte. Sobald eine kalte Nacht den Tomatenstöcken ein Ende bereitet, sollten mit den reifen roten Früchten auch die grünen Tomaten geerntet werden. Sie reifen an einem sonnigen Fensterplatz im Haus nach.

Obst jetzt umpflanzen

Jungpflanzen aus der Baumschule oder aus dem Gartencenter – insbesondere Containerpflanzen mit Wurzelballen – wachsen leichter an als alte Exemplare aus dem eigenen Garten. Ob sich das Umpflanzen lohnt, ist deshalb immer Ermessenssache. Ein Versuch ist jedenfalls bei Bäumen und Sträuchern empfehlenswert, die besondere Früchte tragen, die einen persönlichen Wert haben oder die am Standort stören. Wenn die betroffenen Gehölze noch nicht länger als etwa 4 bis 5 Jahre eingepflanzt waren, bestehen recht gute Anwachschancen. Die beste Zeit für die Aktion bietet sich jetzt im Herbst nach dem Blattfall. Beim Ausgraben werden unweigerlich wichtige Wurzeln beschädigt, die zur Versorgung der Kronen wichtig sind. Dementsprechend brauchen die Bäume anschließend einen kräftigen Rückschnitt, um wieder ein ausgewogenes Verhältnis zwischen Wurzelwerk und Krone herzustellen.

Beim Umpflanzen von Bäumen den Ballen möglichst großzügig ausgraben.

Großvaters Tipp

Zur Pflanzzeit der Zwiebelblumen im Oktober lohnt es sich, auch solche Arten im Garten anzusiedeln, die selbst verwildern und mit den Jahren zunehmend üppigere Bestände bilden. Dazu zählen vor allem Schneeglöckchen, Krokusse und Wildtulpen.

November

Bäume und Sträucher im Garten sind jetzt kahl. Nasskaltes Nebelwetter lässt die letzten tapferen Herbstblüher auf den Beeten absterben.

Dafür ist jetzt die Zeit gekommen

- Wenn der Boden frostfrei ist, können weiterhin noch Bäume und Sträucher gepflanzt werden.
- Empfindliche Gartenpflanzen brauchen einen Frostschutz; Edelrosen werden angehäufelt. Kübelpflanzen kommen in ein kühles Quartier.
- Wasserleitungen im Garten, die einfrieren könnten, werden entleert.
- Staudenbeete und Rabatten mit einer Schicht Komposterde, Rindenmulch oder Laubstreu versehen.
- Im Gemüsegarten werden die Beete geräumt, nur frostharte Gemüse bleiben draußen.
- Wintergemüse wie Porree, Endivien- und Feldsalat, Grünkohl und Rosenkohl nach und nach ernten.
- Trockene Blüten und Samenstände können abgeschnitten und zur Dekoration als Trockensträuße und Gestecke verwendet werden.
- Für zu eng stehende Bäume und Sträucher ist jetzt eine günstige Zeit zum Umpflanzen. Allerdings sollten sie noch nicht länger als etwa 5 Jahre am bisherigen Standort stehen.
- Laub- und Totholzhaufen im Garten sollten jetzt nicht mehr umgeschichtet oder versetzt werden, denn oft haben sich Igel darunter eingenistet.

Eine Winterpause brauchen nicht nur die Pflanzen im Freien, sie tut auch den Gärtnern gut. Wenn die nötigen Arbeiten wie das Pflanzen von Bäumen und Sträuchern, der Frostschutz bei empfindlichen Pflanzen und das Aufräumen der abgestorbenen Pflanzenteile verrichtet sind, kehrt Ruhe im Garten ein.
Die kurzen, kalten Novembertage regen nicht mehr viele Gartengewächse zum Blühen an. Ausnahmen bestätigen aber die Regel. So lassen sich Winterschneeball *(Viburnum fragrans)*, Herbstkirsche (*Prunus subhirtella* 'Autumnalis') und Virginische Zaubernuss *(Hamamelis virginiana)* nicht vom Nebelmonat am Aufblühen hindern. Dazu gesellen sich die späten Besenheidesorten (*Calluna vulgaris)*, die flächige Bestände bilden. Ungewöhnlich wirken jetzt die lilafarbenen Beeren des Liebesperlenstrauchs *(Callicarpa bodinieri)*, der seine Früchte erst im Herbst ausreifen lässt.

Im Ziergarten

Bunte Koniferen

Die sommergrünen Gehölze stehen mehr als ein halbes Jahr kahl im Garten. Um so mehr freut man sich im Winterhalbjahr über immergrüne Bäume und Sträucher. So lohnt es sich, auch einige Eiben, Scheinzypressen und andere Nadelbäume zu pflanzen, die das ganze Jahr grünen.
Neben rein grünen Arten machen sich farbige Sorten gut, die das triste Grau des Winters ein wenig aufheitern. Das Sortiment bietet von verschiedenen Gehölzen auch gelbe und blaue Formen, so etwa von der Thuja die gelbe Sorte 'Sunkist' oder 'Aurea Nana', von der Scheinzypresse die Sorte *Chamaecyparis lawsoniana* 'Stewartii' sowie die blaue 'Alumii' oder von der Fichte die stahlblaue *Picea pungens*

Neben den rein grünen Koniferen gibt es heute auch schon „bunte" Sorten.

'Koster'. Mit einigen solchen Sorten lassen sich auch Wildstrauchhecken auflockern oder gemischte Hecken schaffen.

Gehölze umpflanzen

Im Herbst ist die ideale Zeit für Umgestaltungen im Garten. In der Saftruhe vertragen Bäume und Sträucher das Umpflanzen am besten. Solange sie noch nicht zu alt sind, lassen sich beispielsweise störende Gehölze oder zu eng stehende jetzt mit recht großer Anwachschance umsetzen. Die betroffenen Exemplare sollten noch nicht länger als 4–5 Jahre am Ort angewachsen sein. Je älter sie sind, um so schwieriger gestaltet sich das Ausgraben und umso geringer sind die Anwachschancen. Wichtig ist, dass jeweils ein möglichst großer Wurzelballen ausgestochen wird. Das Einpacken des Ballens in ein Jutetuch oder in ein spezielles Ballenleinen verhindert das Auseinanderfallen des Ballens beim Transport.

Lauberde ansetzen

Jetzt fällt jede Menge Laub an, das es zu sammeln lohnt. Die Blätter dienen beispielsweise als luftige Schutzdecke im Rosenbeet oder in Staudenrabatten. Sie lassen sich aber auch kompostieren und zwar entweder vermischt mit anderen Abfällen oder gezielt zur Produktion eines Spezialkomposts. Dazu werden sie auf einem separaten Haufen aufgeschichtet oder

Ein praktischer Frostschutz für den Winter ist Laub in einem Drahtkäfig.

Großvaters Tipp

Die Canna oder die Dahlie müssen im November rechtzeitig ausgegraben und in einem frostfreien, dunklen Raum bis zum Frühjahr gelagert werden. Vorher schneiden Sie die Triebe knapp über dem Wurzelhals ab. Zwiebelballen werden mitsamt der anhaftenden Erde in Kisten trocken gelagert. Das Putzen erfolgt dann erst im nächsten Frühjahr vor dem Pflanzen.

in ein Silo gefüllt. Dazwischen kommt immer wieder eine Schaufel vollreifer Kompost, der die Durchlüftung begünstigt und die Rotte beschleunigt. Bis zur völligen Vererdung vergeht etwa ein halbes Jahr. Dann ist der Laubkompost gebrauchsfertig und dient als Beistoff für ein Moorbeetsubstrat oder auch nach dem Sieben zum Mischen von Anzuchterde.

Letzte Frostschutzmaßnahmen

Der beste Frostschutz ist eine gute Pflanzenwahl. Frostempfindliche Arten werden immer wieder geschädigt. Dennoch will niemand auf Edelrosen, Rosmarin u. a. nicht ganz frostharte Arten verzichten. Diese brauchen jedoch einen Frostschutz. Ideal sind luftige Materialien wie etwa Laubschüttungen, Strohmatten, Acrylfaservliese und Fichtenreisig. Sie lindern die Kälte und machen doch die Luftzirkulation möglich. Kübelpflanzen kommen natürlich ins Haus.

Bewässerungssysteme abräumen

Die gebräuchlichen Bewässerungssysteme der bekannten Hersteller sind witterungsbeständig und verrottungsfest. Insbesondere haben sich die Wasserleitungen aus PE bewährt. Die schwarzen Kunststoffrohre können im Winter draußen liegen bleiben. Bei Leitungen, die im Boden verlegt sind, ist das auch gar nicht zu vermeiden. Allerdings sollten Geräte, die zur Steuerung und Verteilung dienen, im Herbst ins Haus geholt werden. Das gilt ebenso für Druckminderer, Bewässerungscomputer und dergleichen, die im Winter ohnehin nicht gebraucht werden. Bei der Gelegenheit sind alle Wasserleitungen rechtzeitig zu leeren, damit gefrierendes Wasser keine Schäden anrichten kann.

Echte Bonsais sind Freilandgehölze, die im Winter draußen bleiben sollten.

Outdoors draußen überwintern

Echte Bonsais sind Freilandgehölze. Sie brauchen eine Winterpause in kühler Umgebung. Bei ständigem Aufenthalt in beheizten Räumen gehen sie zugrunde. Ahorne, Zierkirschen, Wacholder und andere Outdoors gehören also im Winter nach draußen, damit ihr natürlicher Rhythmus gewahrt bleibt.

Im Nutzgarten

Sämereien aufbewahren

Die Samen vieler Gemüsepflanzen sind mehrere Jahre keimfähig. Obwohl die Keimkraft während der Lagerung geringer wird, lohnt es sich, das restliche Saatgut vom vergangenen Jahr aufzubewahren. Dazu kommen die Samentüten am besten an einen frostfreien, trockenen Ort ins Haus. Im nächsten Jahr zeigen Keimproben, ob die Aussaat noch was bringt. Sämereien, die schlecht keimen oder schwache Jungpflanzen entwickeln, lassen sich dann immer noch durch frisches Saatgut ersetzen.

Frostgare fördert Krümelstruktur

Bereits krümelige Gartenböden müssen im Herbst nicht umgegraben werden. Für sie genügt im Frühjahr vor der Pflanzung eine Lockerung mit dem Grubber oder der Grabegabel. Dagegen sollten Sie schwere Lehmböden jetzt grobschollig umgraben. In die klebrigen Klumpen dringt während des Winters Wasser ein. Der Bodenfrost sprengt die Schollen dann auf und macht sie mürbe. Im Frühjahr lassen sie sich dann mit wenig Aufwand in feine Krümel zerkleinern.

Dezember

Die Klimaerwärmung macht weiße Weihnachten in unseren Breiten immer seltener. Meist zeichnet sich der Dezember durch feuchtkaltes Wetter aus.

Dafür ist jetzt die Zeit gekommen

- Falls noch nicht geschehen, bekommen empfindliche Gartenpflanzen einen Frostschutz.
- Bei frostfreiem, trockenem Wetter beginnt etwa Ende des Monats die Zeit zum Bäume- und Sträucherschneiden.
- Stauden werden vor dem Wintereinzug bis auf den Boden heruntergeschnitten.
- Blütenzweige z. B. von Forsythien, die am Monatsanfang geschnitten und in eine Vase gestellt werden, blühen etwa an den Weihnachtstagen auf.
- Hauptwege am Haus und im Garten müssen eis- und schneefrei gehalten werden; also rechtzeitig Schneeräumer bereitstellen.
- Weihnachtsbäume im Topf möglichst früh kaufen und ans warme Klima im Haus gewöhnen. Nach dem Fest die Bäume nur bei mildem Wetter wieder hinausstellen.
- Noch ist Zeit zum Umgraben von Rasenstücken, wenn Staudenbeete oder der Gemüsegarten erweitert werden sollen. Das umgestochene Gras verrottet dann bis zum Frühjahr.
- Wenn Sie viele Setzlinge (z. B. von Liguster) etwa für Hecken brauchen, ist jetzt eine günstige Zeit zur Vermehrung; holzige Stecklinge treiben in einem Topf mit Sand zügig Wurzeln.

Der erste Wintermonat kann durchaus noch sehr herbstlich wirken. Schnee fällt normalerweise wenig. Dem Kalender nach dauert der Herbst ja auch bis zum 22. Dezember. Dann werden die Tage endlich wieder länger. Anfangs ist davon noch wenig zu spüren, zumal die Sonne noch tief am Himmel steht. So beschränken sich die Gartenarbeiten auf wenige schöne Stunden am Tag. Aber auch diese Ruhezeit ist wichtig. Sie dient den Pflanzen zum Sammeln von Kräften fürs neue Jahr.

Im Ziergarten

Gräser stehen lassen

Sommergrüne Gräser wie das Chinaschilf, das Pfahlrohr oder das Lampenputzergras ziehen im Herbst ein, das heißt, sie sterben oberirdisch ab. Die dürren Halme und Wedel sollten stehen bleiben, zumal sie recht dekorativ aussehen und auch Schutz bieten. Erst im Frühjahr, wenn die jungen Triebe aus dem Boden spitzen, werden die alten Büschel abgeschnitten.

Gräser sind im winterlichen Garten eine überaus attraktive Zierde.

Jutebänder oder Rohrmatten verhindern Rindenrisse bei empfindlichen Ziergehölzen.

Rindenrisse auch bei Ziergehölzen verhindern

Die Wechselwirkung zwischen Wintersonne und Nachtfrost verursacht besonders an jungen Baumstämmen oft Rindenrisse, die nur langsam wieder verheilen. Vorbeugend sollten nicht nur Obstgehölze, sondern auch junge Laubbäume nach der Pflanzung einen Rindenschutz bekommen.
Dazu eignen sich Jutebänder, mit denen die Stämme umwickelt werden. Ebenso wirksam ist ein heller Anstrich mit Kalkmilch (Produkte sind im Fachhandel erhältlich). Bei alten Bäumen, die schon eine dicke Borke haben, ist ein Stammschutz nicht mehr nötig.

Großvaters Tipp

Äpfel, Birnen, Quitten sowie Kürbisse, Krautköpfe, Kartoffeln und anderes Obst und Gemüse lassen sich lange lagern, wenn sie kühl, dunkel und bei hoher Luftfeuchte aufbewahrt werden. Wichtig ist jedoch eine gute Lüftung, damit die Reifegase abziehen können. Bei der regelmäßigen Kontrolle werden schimmelige Früchte ausgemustert. Das gilt auch für Blumenzwiebeln im Lager.

Register

Adonisröschen 7
Akeleien 7
Äpfel 52, 53, 57, 63
Apfelbeeren 53
Aprikosen 39
Artischocken 45, 51
Astern 15, 49, 50, 55
Astilben 7
Auberginen 13
Auslichtungsschnitt 7
Bärlauch 19
Bartblumen 11
Bartnelken 30
Basilikum 28
Bergenien 12, 32
Birnen 22, 28, 39, 51, 52, 57, 63
Blaukissen 15
Blauregen 26, 27, 31
Blauschwingel 15
Bohnen 33, 45
Bonsais 61
Borretsch 18
Braunfäule 46
Brennnesseljauche 28
Brennnesseln 28
Brokkoli 18, 41
Brombeeren 39, 45, 53
Buchs 38
Buschbohnen 41, 45
Buschwindröschen 7
Chicorée 46
Chinakohl 8, 41
Christrosen 11, 12
Containerpflanzen 18, 24, 26, 27, 35, 51, 57
Cotoneaster 38
Dahlien 19, 24, 37, 56
Dill 18
Düngung 26, 29, 34
Eberesche 53
Edelrosen 11, 25, 30, 31, 37, 45, 49, 55, 58, 60
Endivien 46, 58
Engelstrompeten 14
Erdbeeren 36, 40, 41
Erziehungsschnitt 7, 12, 13, 39
Esskastanien 27, 51, 53
Feldsalat 16, 42, 48, 58
Felsenbirnen 19, 51
Fetthennen 49
Feuerdorn 38, 55
Fingerhut 37
Fleißige Lieschen 43
Flieder 25
Folie 8, 14, 17, 19, 22
Folientunnel 21
Forsythien 11, 16, 19, 62
Frauenmantel 7
Froschlaich 20
Frost 6, 8, 14, 16, 26, 46, 48, 55
Frühbeet 7, 10, 17, 24, 29, 30, 38
Frühkartoffeln 34
Fuchsien 25, 26
Gänseblümchen 19, 20
Gartenteich 9, 36, 38
Gazanien 31
Gehölzschnitt 6, 9, 11, 15
Geißbart 7
Geißblatt 26
Gemswurz 19
Gewächshaus 8, 16, 17, 24, 29, 35, 38, 40
Gladiolen 24, 37
Glashaus 6, 10, 24
Glockenblumen 7
Glyzinen 26
Goldmohn 18
Goldregen 25
Gräser 9, 12, 15, 18, 20, 21, 24, 48, 51, 54, 63
Grasschnitt 25
Gründünger 17, 47, 48
Grünkohl 8, 41, 58
Günsel 12
Gurken 17, 24, 28, 33, 40, 45
Hagebutten 53
Hamamelis 12, 59
Hängekätzchenweiden 25
Haselsträucher 27
Haselwurz 12
Hauswurzen 12, 32
Hecken 7, 38, 42, 43, 44, 60, 62
Heckenschnitt 30
Herbstanemonen 50, 55
Herbstkirsche 59
Hirschzungenfarn 12
Johannisbeeren 33, 36
Kaiserkronen 19
Kalkanstrich 8
Kalkmilch 63
Kamille 31
Kapuzinerkresse 28, 37
Kätzchenweiden 11
Kirschen 33, 36
Kirschlorbeer 26, 55, 61
Kiwis 39, 53, 56
Klatschmohn 31
Knöterich 26
Kohlrabi 10, 16, 17, 18, 41, 45
Kompost 6, 14, 15, 17, 21, 25, 28, 29, 48, 55, 60
Koniferen 37, 59
Königskerzen 37
Kopfsalat 16, 41, 45, 46
Kornblumen 18, 31
Kornelkirschen 51
Kosmeen 43
Kräuter 20, 26, 35
Krokusse 19, 50, 57
Kübelpflanzen 6, 10, 14, 18, 21, 25, 26, 48, 54, 58, 60
Kürbisse 18, 53, 63
Lampenputzergras 15, 63
Lantanen 25
Lauch 16, 57
Lavendel 35, 37
Lichtnelken 37
Liguster 38, 62
Lilien 37
Lobelien 31
Löwenzahn 20
Lupinen 10, 32, 49
Magnolien 12
Mahonien 55
Maiglöckchen 25
Mandelbäumchen 11, 25
Margeriten 10, 15, 32, 49
Mauerpfeffer 12
Meerrettich 8
Melonen 17, 24
Mischkulturen 13, 17, 28, 29, 30
Mispeln 22, 53
Mohn 37
Möhren 14, 18, 30, 41
Mulchen 6, 9, 24, 30, 36, 40, 46, 47
Narzissen 19, 50
Nistkästen 16
Obstgehölze 7, 10, 17, 24, 26, 49, 52, 63
Oleander 14, 44
Paprika 10, 13, 17, 18, 24, 34, 57
Pelargonien 24, 25, 26, 43
Petersilie 8, 14, 18, 28
Petunien 24, 25, 26, 43
Pfingstrosen 20, 31, 43
Pfirsiche 39
Pflaumen 52, 56
Porree 8, 57, 58
Primeln 19
Quitten 22, 52, 56, 63
Radieschen 10, 18, 41, 45
Ranunkelsträucher 11
Rasen 14, 20, 21, 25, 30, 36, 37, 42, 48, 54
Regenwasser 24, 37, 39
Reseda 18
Rettiche 16, 17, 18
Rhabarber 22, 48
Rhododendren 19, 55
Ringelblumen 18, 28, 37, 43, 53
Rittersporne 20, 31, 32, 49
Rohrkolben 9, 39
Rosen 10, 15, 31, 32, 35, 36, 44, 45, 47, 49, 55
Rosenkohl 8, 18, 58
Rosmarin 35, 60
Rosskastanien 25, 51
Rote Bete 14
Rüben 18
Rucola 16
Saftruhe 6, 60
Salat 10, 14, 18, 24, 30, 45, 52
Salbei 26, 35
Sanddorn 53
Sauerkirschen 22
Schildfarn 12
Schilf 9, 39
Schlafmützchen 37
Schlehen 53
Schnecken 28
Schnittlauch 28
Schnittpetersilie 8
Schwertlilien 15, 31, 43
Schwingel 12
Seerosen 36, 38
Seggen 12
Silberkerzen 55
Silberwurz 12
Simsen 12
Sommerblumen 6, 14, 18, 31, 37, 43, 53, 54
Sommerflieder 11, 14, 25, 26, 37
Sonnenaugen 43
Sonnenblumen 18, 37, 43, 44, 51
Sonnenbräute 43
Sonnenhüte 26, 43, 49
Spalierobst 27, 28, 39
Spinat 8, 10, 14, 42
Stachelbeeren 17, 36
Stauden 6, 10, 11, 12, 14, 15, 18, 19, 20, 24, 25, 32, 34, 36, 37, 42, 43, 48, 49, 50, 52, 54, 55, 57, 62
Staudensamen 7, 43
Stechpalmen 55
Sternmagnolien 19
Strauchhortensien 12
Streifenfarn 12
Süßkirschen 56
Tagetes 25, 28, 31, 43
Taglilien 32
Taubnessel 26
Teichpumpen 9
Thuja 44, 59
Tomaten 10, 13, 17, 18, 24, 28, 34, 41, 45, 46, 48, 57
Topinambur 8, 51
Trauben 47, 51
Tulpen 19
Veilchen 30
Verbenen 31
Verjüngungsschnitt 7
Vertikutieren 14, 20, 21
Vlies 8, 14, 19, 22
Wacholder 61
Walnüsse 52
Wasserhyazinthen 9
Wassermelonen 33
Wasserpest 38
Weigelien 26
Weinreben 17, 31, 39, 48
Wildstrauchhecken 7, 60
Wintergemüse 8, 48, 58
Winterschneeball 59
Wollziest 12
Zaubernuss 59
Ziergehölze 25
Zierjohannisbeeren 19
Zierkirschen 19, 61
Zierquitten 25, 51, 53
Ziertabak 43
Zitrusbäumchen 25
Zucchini 18, 24, 28, 33, 45
Zuckerhut 8, 41
Zwetschgen 22
Zwiebeln 14, 35, 41, 42, 50

Bildquellen

dpa, Frankfurt/Main: S. 46 o.
Peter Himmelhuber, Regensburg: S. 12 (l. o., l. u.), 13 (2), 17, 23 (4), 29 o., 34 u., 53 o., 57 u.
MEV, Augsburg: S. 94, 95
Alle anderen Fotos stammen aus dem Archiv des Autors, Hans-Werner Bastian, Brühl.